KB052211

**청년 토마스 아퀴나스의 초상화(나폴리 성 토마스 아퀴나스의 경당)**

토마스 아퀴나스의 초상화의 대부분은 말년의 중후한 모습으로 그려져 있으나. 생애의 마지막 순간을 보낸 나폴리의 토마스 아퀴나스의 경당 안에서 성령의 인도를 받아 집필에 몰두하고 있는 아름다운 청년 토마스 아퀴나스의 모습을 발견했다.

산타 사비나 수도원에서
바라본 로마의 정경

나폴리의 아름다운 풍광

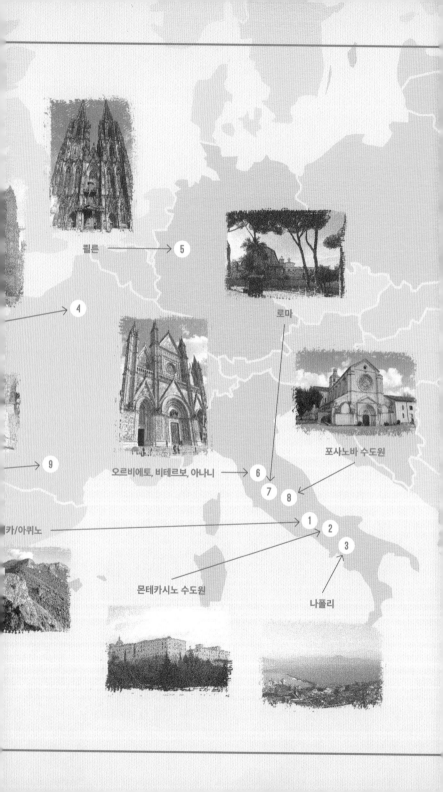

쾰른 → ⑤

로마

④

⑨

포사노바 수도원

오르비에토, 비테르보, 아나니 → ⑥ ⑦ ⑧

카/아퀴노 ──→ ① ② ③

몬테카시노 수도원

나폴리

토마스 아퀴나스의 생애와 공간

이탈리아 나폴리에서 태어난 토마스 아퀴나스는 독일과 프랑스
등 서유럽의 문화를 자양분으로 성장했다. 아퀴나스 이전에도
신학자들은 많았지만, 그처럼 그리스도 신학의 방대한 내용을
집대성할 수 있었던 학자는 없었다. 그러나 이러한 성과는
단순히 그의 개인적인 역량에만 달린 것은 아니었다. 기존의
중세 학교들이 13세기에 들어설 무렵 통합되면서 대학이
탄생하면서 단순한 강의뿐만 아니라 정규 토론 등의 방식이
발달하면서 집단 지성이 작동될 수 있었다. 중세 대학이 이룬
성과들을 토대로 토마스는『신학대전』에서 천재적인 종합을
이룰 수 있었다.

파리

토마스 아퀴나스 삶의 결정적 요소는 탁발 수도회의 수사가
된 일이었다. 그가 오래 교육받은 몬테카시노 수도원이 속한
베네딕도회에 들어갔다면 아마도 그는 가족들의 바람대로
권력을 가졌을지도 모를 일이다. 그러나 그는 의식적으로
가난과 설교를 중시하는 도미니코회에 들어갔고, 그곳에서 열린
사상가인 스승 대 알베르투스를 만남으로써 학문 연구의 방향도
결정되었다.

툴루즈

그렇다 하더라도 토마스의 가르침은 더 이상 도미니코회만의
전유물은 아니다. 토마스 자신이 살아 있을 때에 '자신의
가르침이 자신의 삶보다 더 오래 지속될 수 있게 해달라'고
기도한 적이 있었다. 실제로 토마스 아퀴나스의 가르침은 직접
그의 강의를 들었던 소수의 학생에게만 전해질 것이 아니었다.
이미『신학대전』만으로도 장소와 시간을 넘어서 계속해서
연구되어도 다 밝히기 힘든 엄청난 그리스도교의 지혜를 담고
있기 때문이다.

로카세

자신에게 친숙했던 장소들을 떠나서 토마스가 툴루즈에
묻힘으로써 그의 가르침은 보다 많은 사람에게 열려 있는
보편적인 것이라는 상징을 지닐 수 있게 되었다.

**❶ 로카세카/아퀴노** 이탈리아 남부

**태어나고 어린 시절을 보낸 곳**

토마스 아퀴나스는 아퀴노 영주의 막내아들로 태어나 평야가 내려다 보이는 좋은 전망에서 자라났다. 현재는 폐허로 남아 있고 시성된 후 기념 성당들이 세워졌다.

**❷ 몬테카시노 수도원** 이탈리아 남부

**처음으로 수도원 학교를 방문하고 기초교육을 받은 곳**

베네딕도 성인이 세운 유명한 수도원 학교에서 토마스는 6~14세까지의 초등과 중고등 교육을 받았다. 교황군과 황제군 사이에 벌어진 전쟁의 여파로 학업을 중단해야만 했다.

**❸ 나폴리** 이탈리아 남부

**대학을 다니고 도미니코회에 입회했으며 생애 말년을 보낸 곳**

15세의 어린 나이에 대학에 진학한 토마스는 이곳에서 아리스토텔레스 사상을 처음 접했다. 당시의 대표적인 탁발 수도회였던 도미니코회를 체험하고 입회하게 된다. 또한 토마스는 이곳에서 말년에 강의하면서 극적인 영적 체험을 했다.

**❹ 파리** 프랑스 북부

**신학을 배우기 시작하고, 두 차례나 교수로서 가르친 곳**

토마스가 세 번이나 체류했던 '철학자들의 도읍'. 그는 1245~1248년까지 도미니코 수도회의 생자크 수도원에 머물면서 신학공부를 시작했다. 공부를 마친 그는 대 알베르투스의 추천으로 파리 대학의 신학교수 직에 임명되었다(1256~1259). 교황청 자문교수로 활동하다 여러 논쟁이 격렬해지자 이를 수습하기 위해 다시 두 번째 파리대학 교수로 활동했다(1269~1272).

**❺ 쾰른** 독일 서북부

**대학원 교육을 받고, 사제 서품을 받은 곳**

토마스가 스승 대 알베르투스의 조교로 활동하며

집중적으로 배우고 학문적인 역량을 성장시켜 나간 곳. 쾰른 대성당 근처에 대 알베르투스의 무덤도 존재한다.

**❻ 오르비에토, 비테르보, 아나니** 이탈리아 중부

**교황의 부름을 받아 다양한 교육 및 자문 활동을 한 곳**

파리 대학 교수로서 명성을 얻은 토마스는 교황들로부터 다양한 과제를 부여받았다. 이를 위해 그는 교황의 임시 거처 및 휴양지 근처에서 머물면서 동시에 도미니코회의 교육 개혁에 앞장섰다.

**❼ 로마** 이탈리아 중부

**산타 사비나 수도원에서 가르치며 『신학대전』 집필을 시작한 곳**

완숙기에 도달한 토마스는 산타 사비나 수도원에서 가르치며 평생의 역작 『신학대전』을 집필하기 시작했다. 동시에 복잡한 임무를 수행하던 다른 곳과 달리 교육과 저술에 집중할 수 있었다.

**❽ 포사노바 수도원** 이탈리아 중부

**죽음을 맞이하고, 95년 동안 유해가 모셔져 있던 곳**

교황의 요청으로 리옹 공의회에 참석하기 위해 가던 도중, 토마스는 말에서 떨어져 치명상을 입게 된다. 임종이 다가왔을 때 토마스는 인근에 있던 시토회의 포사노바 수도원으로 옮겨져 사망했고, 그곳에 묻혔다. 그의 시성을 위한 2차 심사도 이곳에서 거행되었다.

**❾ 툴루즈** 프랑스 남부

**도미니코회 본원이 있던 곳으로 토마스의 성유물이 보존된 곳**

토마스가 시성된 이후, 도미니코회는 더욱 강력하게 토마스의 유해 반환을 요청했다. 포사노바 수도원이 완강하게 거부하자, 교황이 개입하여 도미니코회의 손을 들어주었다. 1369년 그의 유해는 당시 도미니코회 본원이 있던 툴루즈의 생 자코뱅 수도원에 안장되었다. 프랑스 혁명 후 생 세르냉 성당에 옮겨졌다가 1974년 다시 돌아왔다.

일러두기

— 단행본, 잡지 등 책으로 간주할 수 있는 것은 겹낫표(『 』)로, 책의 일부나 단편소설,
　　신문 등은 홑낫표(「 」)로, 미술, 음악, 연극 등의 작품명은 홑화살괄호(〈 〉)로 표기했다.
— 외래어 표기는 국립국어원 외래어표기법을 따랐으나, 관습적으로 굳은 표기는
　　그대로 허용했다.

클래식 클라우드 | 033

# 토마스 아퀴나스

×

박승찬

**이성과 신앙을 조화시킨 스콜라 철학의 완성자**

arte

**파리 생 드니 성당의 스테인드글라스**

다른 전성기 고딕 양식의 성당, 특히 생 샤펠 등의 스테인드글라스에 비하면 소박한 편이지
만 바로 이 성당으로부터 고딕 건축 양식이 시작되었다는 의미에서 그 중요성이 크다. 토마
스도 이 성당을 방문했을 때 스테인드글라스의 놀라운 효과를 직접 체험했을 것이다.

CONTENTS

# 21세기에 왜 토마스 아퀴나스인가?

근대 이후 과학과 기술은 놀랄 만한 진보를 이루며, 세계를 변형시켰고, 또한 사람들의 삶과 노동의 구체적 조건들까지도 바꾸어 놓았다. 그러나 이러한 산업 발전은 점점 더 가속화되고 급격해져서 결국 세계를 위협하는 수준에 이르렀다. 그런데 사실상 19세기 말경 서구세계 전체는 생활 전반에 걸친 총체적 위기에 빠진 바 있었다. 그 시대를 사로잡고 있던 진보적 진화주의와 순진한 낙천주의가 갑자기 더 이상 설득력을 상실하고 말았던 것이다. 이후에는 승리에 도취된 진보에 대한 의심과 더불어, 그것에 대한 비판이 점증하고 강화되었다. 물질적인 진보만으로 사람들의 근본 문제들을 해결하지 못하고, 보다 인간적인 세상을 보장하지 못하며, 다만 심각한 문제들만 새로이 야기할 뿐이라는 사실이 분명해졌다. 특히 코로나19 이후에 과학과 기술 덕분에 행복해지리라는 진보에 대한 순진한 믿음은 사라졌다. 한때 의기양양하고 자기 자신에 대해서 주인이었던 근대 전체를 이끌었던 심층적인 관념이 무너져 내린 것이다.

나는 현대 문화가 겪고 있는 이런 총체적 위기는 현대 사상이 딛고 설 토대와 방향을 상실한 데에 기인한다고 생각한다. 보편적인 진리가 고집스러운 전체주의의 강요처럼 느껴질 때면, 이것은 윤리적으로도 커다란 영향력을 미쳤다. 그래서 사람들은 궁극적인 행복을 쉽게 포기하고 현세적 행복만을 추구하는 폐쇄성에 갇혀 버렸다. 더 나아가 무신론적 인본주의, 근대 과학의 발전을 통해서 이 모든 세상을 지배할 수 있다는 과학주의 등은 인간 자신의 존엄한 가치마저 위협하고, 인간 자신의 궁극적 근거와 의미에 대한 물음을 포기하게 만들었다. 여기서 지적된 문제점들은 우리나라에서도 코로나 19를 통해 분명하게 드러난 것처럼, 해소되기는커녕 더욱 첨예한 형태로 심화되고 있다. 그렇다면 이러한 현대의 위기에 직면하여 어디서 탈출구를 찾을 수 있을까? 나는 지나치게 신앙만을 강조하는 신앙주의나 인간의 이성을 절대화하는 태도만으로 이 문제를 해결할 수 있다고 생각하지 않는다. 오히려 현대 사회가 직면한 위기들은 전통적인 종교 안에 담긴 가치들을 받아들이는 '신앙'과 인간이 주체로서 비판적으로 세계를 바라보는 '이성'이 새롭게 조화를 이룸으로써 해결될 수 있으리라고 희망한다.

'신앙과 이성의 조화'를 추구하는 오랜 발전과정에서 토마스 아퀴나스(Thomas Aquinas, 1224/5~1274)는 특별한 위치를 차지한다. 그는 이성과 신앙을 날카롭게 구분했으나 이 양자를 조화시켜 각각 자신의 권리와 품위를 고스란히 간직할 수 있게 만들었다. 가톨릭 교회뿐만 아니라 철학계의 많은 학자도 토마스의 사상이야말로 신앙과 이성 사이의 조화를 가장 잘 표현해 주고 있다고 평가한 다. 도대체 토마스 아퀴나스는 어떤 환경에서 자라나고 연구했으 며, 그가 도달한 결론은 현대 사회에 어떤 의미를 줄 수 있을까?

여전히 많은 이들은 중세를 암흑기라고 부르고, 그 중심에서 활 동했던 토마스 아퀴나스는 매우 보수적인 학자라는 인상을 받고 있다. 토마스 아퀴나스를 존경하기 위해서 붙여졌던 '천사적 박 사', '가톨릭교회 최고의 스승' 등의 명칭이 그가 당시 상황에 비추 어 볼 때 얼마나 '진보적'인 사상가였는가를 잊어버리게 만들었기 때문이다. 그러나 토마스는 새롭게 재발견된 아리스토텔레스의 철학을 그리스도교 전통과 종합하기 위해 적극적으로 수용한 학 자였다. 그는 이 종합작업을 단순히 상이한 의견들을 나열하거나 절충하는 방식이 아니라, 근원에까지 들어가 비교하고, 필요한 경 우 변형시키는 작업을 통해 이루어 냈다. 또한 토마스는 평생에 걸쳐 이루어진 토론 중에 항상 평온하고 겸손한 태도를 유지하며 상대방의 견해를 존중하고 경청했다. 그의 사상적 독창성과 신학 을 위한 변형의 성과는 다양한 신학 저작들, 특히 『신학대전Summa Theologiae』과 『대이교도 대전Summa contra gentiles』 속에 매우 잘 나타나 있다. 이 저작들에서 당시 강한 의심을 받고 있던 아리스토텔레스 를 그리스도교의 계시와 일치하는 의미에서 새롭게 해석하려고 노력했다.

그렇지만 토마스의 주저 『신학대전』을 직접 읽어 본 사람은 우리나라에서 전문가들을 제외하고는 거의 없다. 『신학대전』 자체가 일반서적으로 50권이 넘는 방대한 분량이고 지금 대학원의 박사과정에 해당하는 높은 수준의 지식을 전제하고 있고, 매우 난해한 아리스토텔레스 철학의 용어로 가득차 있기 때문이다. 우리나라에서는 이제 겨우 절반 정도 번역이 되어 있는 상황이 이를 더욱 어렵게 만든다.

## 〈클래식 클라우드〉를 위해 쾰른을 여행의 출발지로 삼다

"어떤 방식으로 '스콜라 철학'의 완성자 토마스 아퀴나스의 사상을 일반 대중에게 이해가능하도록 전달할 수 있을까"를 고민하던 차에 〈클래식 클라우드〉 시리즈를 알게 되었다. 유명 인사와 관련된 장소를 방문한 작가들이 자신의 여행담을 토대로 예술가나 사상가를 소개하는 시리즈 중에 헤세, 니체, 클림트, 아리스토텔레스 등을 읽어 보았다. 토마스와 관련된 명소의 역사적 문화적 의미와 토마스의 사상 중에서 가장 핵심적인 것을 연결해서 설명한다면, 지루하지 않게 그의 사상에 젖어들 수 있게 도와 줄 수 있으리라는 생각이 든 것이다. 지인을 통해 시리즈 참여에 대한 관심을 출판사에 전하자 흔쾌히 집필해 달라는 요청을 받았다. 김수환추기경연구소장으로서의 다양한 업무와 『신학대전』 31권 신앙편에 대한 번역 등 급한 불을 끄고, 토마스 아퀴나스 편을 집필하기 위해 유럽 방문을 기획하고 있었다. 유럽으로 떠날 날을 기다리고 있던 2020년 1월 그만 코로나19가 전 세계를 강타했다. 그중에서도 내가 방문해야 할 이탈리아, 독일, 프랑스는 감염자와 사망자가 폭증하는 큰 시련을 겪었다. 금방 지나갈 것이라는 사람들의 예상은 물거품이 되었고 그 여파는 수년간 이어졌다. 그러던 중에 나는 재직하고 있는 가톨릭대학교로부터 2022년 7월부터 1년간 연구년을 허락받았다. 내가 유럽에 1년 동안 머물 수 있게 됨으로써, 토마스와 관련된 유적지들을 시간에 쫓기며 방문할 필요가 없어지는 전화위복의 기회가 주어진 셈이다. 클래식 클라우드 저술뿐만 아니라 『신학대전』 32권 번역, '역사의 시그니처' 시리즈에 속하는 저서 『신 앞에 선 인간』 저술, 논문 작성 등 다양한 연구계획을 가지고 있던 나는 연구년을 보낼 장소로 쾰른Köln을 선택했다.

이번에 다시 찾은 쾰른은 유학생활 동안 10년을 머물렀던 독일의 프라이부르크Freiburg를 제외하면 내가 유럽에서 가장 오래 머문 도시다. 첫 연구년을 2007년 여름부터 2008년 여름까지 꼬박 1년 동안 쾰른 대학교의 토마스 연구소Thomas Institut의 다락방 연구실에서 보냈다. 그 기간 동안에 나는 토마스 아퀴나스의 『신학요강Compendium Theologiae』 번역을 완성하고, 『서양 중세의 아리스토텔레스 수용사』라는 학술서와 다양한 논문을 집필할 수 있었다.

토마스 연구소는 유럽에서 중세철학을 연구하는 이들에게는 학자로서의 날개를 펼칠 수 있는 꿈의 장소다. 2년마다 철학은 물론 모든 분야를 망라한 중세학자들이 모이는 쾰른 중세학자 대회

**쾰른 대학교의 토마스 연구소**Thomas Institut

독일 쾰른에 있는 토마스 연구소는 토마스 아퀴나스의 사상을 비롯하여 중세 철학 및 신학 연구를 위한 최적의 연구 장소 중의 하나이다. 최고의 연구서들을 개가식으로 체험할 수 있고 다양한 연구 프로젝트가 진행되기 때문에 유럽 각국의 연구자들이 모여 든다.

*Kölner Medivistentagung* 뿐만 아니라 다양한 연구토론회*Forschungskolloquium*
와 특별강연 등이 열려서 유럽의 최근 연구 경향들에 대해 견문을
쌓을 수 있기 때문이다. 더욱이 그곳의 도서관은 중세와 관련된
거의 모든 주요 연구서와 논문들을 개가식으로 자유롭게 펼쳐 읽
을 수 있는 최적의 연구공간이다. 2022년 여름에도 나는 연구소의
도움을 받아 쾰른 대학의 국제연구자기숙사International House에서
새롭게 연구년을 시작할 수 있었다. 이 책에 담긴 내용들은 나의
세 번째이자 마지막 연구년의 대표적인 과제를 수행한 결실이다.

특히 여행하며 보낸 2023년은 토마스 아퀴나스가 시성된 지
700주년이었고, 2024년은 토마스 서거 750주년, 2025년은 탄생
800주년을 맞는다. 이를 기념하기 위해서 로마교황청은 2023년
1월 28일부터 2025년 1월 28일까지를 '토마스 아퀴나스 성년聖年'
으로 선포했다. 2024년 출간되는 이 책을 통해 토마스 아퀴나스를
존경하고 사랑하는 한 연구자의 열정이 독자들에게 조금이라도
전달되기를 기대해 본다.

# 서구문화의 전환점이 될
# 1248년

## 쾰른에서 시작되는 '영원한 철학'

1248년 여름, 당대의 가장 저명한 학자였던 대 알베르투스 (Albertus Magnus, 1200?~1280)가 독일 쾰른Köln의 번화한 시내에 도착했다. 라틴어로 식민지를 의미하는 '콜로니아colonia'가 도시 이름이 될 정도로 기원후 1세기부터 시작된 오랜 역사를 지닌 도시 쾰른은 무역과 순례 등으로 부가 축적되면서 시민들이 모여서 결성한 다양한 조합Zunft이 형성되어 있는 활기찬 도시였다. 이 도시로 파리대학의 교수였던 대 알베르투스가 독일 최초의 도미니코회 '일반 학원studium generale'을 창설하기 위해 파견된 것이다. 일반 학원이란 수도회에 속하지만 대학과 같은 수준의 보편적인 인문교육을 가르치는 최고의 고등교육기관이었다.

알베르투스는 당시 모든 지식을 섭렵했다는 의미로 '보편박사 doctor communis'라고 불릴 만큼 박학했다. 그의 지식은 세속 학문과 신적 학문의 두 기둥 사이로 사람들을 이끈다고 해서 '제2의 모세'

라고 불리기도 했다. 그리고 학자로서는 예외적으로 살아 있는 동안 '위대한'(大, Magnus)이란 칭호를 들을 만큼 사람들의 존경을 받았다. 1240년부터 1248년까지, 그가 파리대학에서 강의하던 시절에는 새롭게 발견된 아리스토텔레스가 그리스도교의 교리를 위협한다는 이유로 아리스토텔레스에 대한 강의는 할 수 없었다. 그렇지만 그는 아리스토텔레스를 멀리할 경우 시대의 학문적인 흐름으로부터 교회가 격리될 것을 염려해서 도미니코회 수도원 안에서 아리스토텔레스의 자연학 작품들을 강의했다. 그가 명시적으로 제시한 목표는 아리스토텔레스를 라틴 세계 사람들에게 이해 가능하도록 만드는 것이었다.

대 알베르투스가 쾰른으로 가기로 결정되자 그를 존경하던 많은 학생이 그를 따라오고 싶어 했다. 그러나 알베르투스는 자신과 함께 '일반 학원'에서 연구하고 교육하기에 적합한 최소한의 인원만을 선발했다. 그 선발된 인원 중에 가장 젊은 제자는 이탈리아 출신으로 파리 대학과 생자크 수도원에서 그에게 4년간 교육을 받았던 토마스 아퀴나스였다. 명시적인 기록은 남아 있지 않지만, 토마스가 젊은 나이에 알베르투스와 동행하는 그룹에 선발되었다는 것 자체는 드문 특전이었고, 스승 알베르투스가 이미 그의 가능성을 인정했던 셈이다.

그들이 쾰른에 도착한 1248년은 대도시 쾰른이 옛 대성당을 허물고, 새로운 고딕 건축 양식의 대성당을 건설하기 시작한 해였다. 라인강변에 위치한 전통적인 도시 쾰른은 상업과 수공업만으

**서쪽에서 바라 본 쾰른 대성당의 모습**

1248년부터 건립이 시작된 쾰른 대성당은 200여 년에 걸쳐서 건축이 진행되다가 오랜 시간
동안 건축이 중지된 바 있었다. 프로이센이 쾰른을 점령하면서 국가 이데올로기적인 목적으
로 짧은 시간 안에 근대 건축 기술을 이용하여 완성되었다.

로도 많은 부를 축적했지만, 12세기 중반 '삼왕三王의 유해'라는 중요한 성유물聖遺物을 보유하게 되면서 순례지로서의 위상도 얻게 되었다.

쾰른의 대주교이자 신성로마제국의 재상이었던 다셀의 라이날드Rainald von Dassel는 '바르바로사(붉은 수염)'라는 별명으로 널리 알려진 전설적인 황제 프리드리히 1세Friedrich I가 밀라노 인근의 북부 이탈리아를 평정할 때 함께 동행했다. 그 전쟁에서 승리한 후 라이날드 대주교는 1164년 밀라노에서 '거룩한 삼왕Heiligen Drei Könige'의 성유물을 황제로부터 선물 받아 쾰른으로 가져왔다. '거룩한 삼왕'이란 베들레헴으로 아기 예수를 경배하기 위해 찾아왔던 '동방박사 세 사람'을 가리키는 다른 이름이다. 쾰른교구는 이 성유물을 보관하기 위해서 1190년부터 1225년 사이에 '삼왕-성유물함Dreikönigenschrein'을 제작했다. 매우 아름답게 꾸며진 성유물함은 중세 시대에 만들어진 가장 소중한 금 세공품 중의 하나로 손꼽힌다. 이 성유물로 인해 쾰른 옛 대성당은 로마Roma와 산티아고 데 콤포스텔라Santiago de Compostela 등과 함께 가장 중요한 순례지 중 하나가 되었다.

순례객들이 몰려들기 시작하자, 카롤링 왕조 때 지어진 옛 대성당은 너무 비좁게 느껴졌다. 쾰른 시민들은 '거룩한 삼왕'의 유해에 어울리는 돌로 된 성유물함, 즉 대성당을 새로 짓기를 원했다. 이러한 바람은 권력에 대해 관심이 많았던 쾰른의 대주교 호흐슈타덴의 콘라드Konrad von Hochstaden의 의도와도 일치했다. 그는 쾰른을 왕의 즉위식 장소로 만들고 그 즉위식을 자신이 주도하고 싶어

**'거룩한 삼왕'의 성유물함**

쾰른 대성당은 12세기 중반 밀라노에서 가져 온 '거룩한 삼왕', 즉 세 동방박사의 성유물을
보유하게 됨으로써 유럽의 가장 중요한 순례지 중의 하나로 급부상하게 된다.

했다. 때마침 이러한 취지에 가장 어울릴 법한 건물이 바로 1248년에 완성되었다. 그것은 프랑스 왕가의 성유물 보관과 즉위식 거행을 위해 완성된 파리의 생샤펠 경당Sainte-Chapelle*이었다. 당시 생드니 성당에서 시작되어 중세 건축의 최고봉으로 인정받는 고딕 양식은 짧은 시간 안에 전 유럽으로 퍼져 나가고 있었다. 쾰른 대성당도 바로 이런 시대적인 흐름에 따라 건축되기 시작했고, 대성당의 동쪽 부분인 성유물이 보관될 성가대석Chorraum은 7개의 경당을 포함하고 있으며, 고딕 건축 기술의 완성으로 칭송받고 있는 파리 북부의 아미엥 대성당Kathedrale von Amiens을 모델로 삼고 건축될 예정이었다.

바로 그 1248년에 알베르투스를 따라 토마스 아퀴나스가 쾰른으로 온 것은 과연 우연이었을까? 고딕 양식이 전 유럽으로 전파되던 시기에 바로 그 건축 양식의 이론적인 뿌리를 제공해 준다고 볼 수 있는 스콜라 철학과 아리스토텔레스 사상이 바로 이 쾰른에서 본격적으로 연구되고 강의되기 시작했다. 대성당 건축에 열을 올리던 쾰른 시민들은 대 알베르투스와 토마스 아퀴나스라는 두 수사들을 통해서 '영원한 철학philosophia perrenis'이라고 불릴 엄청난 사상의 금자탑이 완성되는 일이 시작되고 있음을 상상이라도 할 수 있었을까?

* 모든 신자들이 하느님을 경배하기 위한 장소를 뜻하는 성당과는 달리 경당은 어떤 공동체나 그곳에 모이는 일부 특정 신자 집단의 편익을 위해 마련된 하느님 경배 장소다. 예를 들어 공소, 학교나 병원의 부속 성당, 특수 공동체를 위해 설립된 경배 장소를 말한다.

# 축성 700주년을 기념하는 쾰른 대성당

1248년에 건축이 시작된 쾰른 대성당은 중요 공간 중 성가대석이 1322년이 되어서야 성당 안 동쪽에 첫 번째로 완성되었다. 그래서 내가 쾰른을 15년 만에 다시 방문했을 때는 성가대석 축성 700주년을 기념하는 다양한 행사가 열리고 있었다.

쾰른 대성당은 쾰른에서 가장 눈에 띄는 건물이다. 특히 기차로 쾰른에 도착하면 누구나 이 대성당을 보게 된다. 그럼에도 쾰른 대성당은 처음에 나의 관심을 끌지 못했다. 고딕 대성당의 전성기에 건립을 시작했지만, 수백 년 동안 멈추어 있다가 19세기에서야 완성된 건물이기 때문이다. 더욱이 그 성당이 독일 프로이센 황제들의 국가 이데올로기적 목적 때문에 다시 건축을 시작한 후 근대 기술을 활용해서 단기간에 완성되었다는 점, 그리고 정통 고딕에서 느껴지는 스테인드글라스의 다양한 개별성이 없다는 이유로 나에게는 그렇게 매력적으로 다가오지 않았다. 더 나아가 정문 앞에 서면 검게 그을린 두 개의 큰 탑이 사람들을 덮치는 듯한 풍광이 고딕 건축에 대한 내 첫사랑이었던 프라이부르크 뮌스터Freiburger Münster의 섬세한 아름다움과는 큰 거리가 있었다.

이 쾰른 대성당은 여러 가지 어려움을 겪다가 결국 1880년에야 완성되었지만, 앱스(Aps, 後陣)와 제대와 성가대석을 포괄하는 동쪽 부분의 고딕 양식은 당시 최고의 건축 기술이 모두 동원된 명품이었다. 내가 그 이후의 역사 때문에 실망하여 쾰른 대성당이 지니고 있는 가치를 충분히 주목하지 못했던 것이다. 그러나 이번에

**쾰른 대성당의 동쪽 성가대석**
제대 뒤편 먼 곳에 '거룩한 삼왕의 성유물함'이 보인다.

다양한 강연을 들으며 제자 토마스 아퀴나스가 이미 사망한 1277년까지 대 알베르투스가 활발히 활동하면서 쾰른 대성당의 동쪽 제대가 완성되었을 때 이를 축성하기까지 했다는 내용을 알고 쾰른 대성당이 더 뜻깊게 다가왔다.

쾰른에는 몇 가지 숨은 보석들이 있는데 바로 10개가 넘는, 주로 12세기에 건립된 작은 로마네스크 성당들이 그것이다. 규모가 크지 않으면서도 로마네스크 성당의 매력을 느끼기에 충분한 다양한 성당들을 순례하는 것은 연구에 지친 나를 위로하는 소중한 체험이었다. 또 다른 하나는 쾰른 대성당 옆에 있는, 둔스 스코투스Johannes Duns Scotus의 무덤을 품고 있는 프란치스코회 성당Minoritenkirche이다. 둔스 스코투스는 이 책의 주인공인 토마스 아퀴나스보다 후학으로서 토마스의 학설을 잘 알면서도 자신이 속한 프란치스코회의 전통에 따라 누구보다도 신랄하게 토마스 아퀴나스의 이론에 대해 강한 비판을 퍼부었던 학자다. 오죽하면 스코투스는 '정교한 박사Doctor subtilis'라는 별명으로 불렸고, 때로는 숨이 막힐 정도로 치밀한 논변들을 이어갔다. 그의 작품들을 읽다 보면, 내가 신학교 4학년 때 칸트의 『순수이성비판』을 처음 읽었을 때의 느낌이 되살아난다. 실제로 칸트의 사상에 가장 큰 영향을 미친 중세철학자가 둔스 스코투스라니 그들 사이의 유사성이 어느 정도 이해가 간다. 그의 무덤에 적혀 있는 '스코틀랜드가 나를 낳았고, 영국이 나를 키웠으며, 프랑스(파리)가 나를 가르쳤고 쾰른이 나를 가졌다Scotia me genuit, Anglia me sustinet, Gallia me docuit, Colonia me tenet'라는 문구가 당시 하나의 문화로 묶여 있던 유럽의 문화를

**쾰른의 라인 강변에 우뚝 서 있는 '거대한 성 마틴 성당'**

쾰른에는 대성당이 지어지기 이전에 성 마틴 성당을 비롯하여 수 많은 로마네스크 성당이 있었고 아직까지도 12개가 남아 있을 정도로 부유하고 발전된 도시였다.

잘 보여 준다.

프란치스코회 성당을 방문하는 사람에게 놓치지 말라고 이르고 싶은 것은 교회 안도 아니고 밖에 덩그러니 놓여 있는 아담 샬Adam Schall von Bell의 기념비를 찾아보라는 것이다. 독일인들도 아무도 모르고 지나치지만, 이 선교사는 바로 우리나라의 소현 세자에게 서구 문물에 대한 열린 시각을 전수했던 뛰어난 스승이었기 때문이다. 다양한 자연과학에 대한 지식을 가지고 있던 그는 북경 천문감 등을 지내면서 소현 세자가 청나라에 인질로 머물고 있을 때 그에게 서구의 과학을 소개해 주었다.

이 모든 것보다도 나에게 가장 큰 감동을 준 것은 쾰른 돔 가까이에 살짝 숨어 있는 성 안드레아 교회Sankt Andreas Kirche인데, 그 안에 위대한 스승 대 알베르투스의 무덤이 자리하고 있기 때문이다. 그의 이름에 추가되는 라틴어 '알레마누스Alemanus'가 알려 주듯이 대 알베르투스가 독일 출신이라는 것과 토마스를 쾰른에서 가르쳤다는 사실은 알고 있었지만, 그의 무덤이 쾰른에 있다는 사실은 첫 안식년을 보낼 때까지 알지 못했다. 성 안드레아 교회 지하의 조용한 한 구석에는 상당히 고풍스러운 석관이 놓여 있다. 본래부터 그를 담았던 석관은 아니지만, 로마네스크 양식 시대의 석관에 그의 유해를 모셔 놓은 것이다. 그 옆에는 성 알베르투스의 시성 후에 다녀간 교황 요한 바오로 2세의 동판도 걸려 있었다. 항상 인파들로 북적이는 쾰른 대성당에서 아주 가까운 거리에 이렇게 고요하게 우리 자신을 돌아보기에 적합한 공간이 있다는 것이 나에게 큰 행복감을 주었다.

**아담 샬 신부의 조각상**

쾰른의 '작은 형제회 성당' 바깥에는 서구 문물을 우리나라 소현 세자에게 전해 주었던 선교사 '아담 샬' 신부의 현대 조각상이 전혀 주목받지 못한 채 외롭게 자리하고 있다.

## 대 알베르투스의 석관

쾰른 대성당에서 5분 정도 걸어가면 성 안드레아스 성당을 만날 수 있다. 이 성당 지하에 토마스 아퀴나스의 스승이자 중세에 가장 박식한 인물인 대 알베르투스가 영원한 안식을 누리고 있다.

## 교황 요한 바오로 2세 방문 기념패

교황 요한 바오로 2세가 대 알베르투스 성인의 서거 700주년을 기념하여 성 안드레아스 성당을 방문하고, 대 알베르투스 성인에게 기도를 드렸다.

그렇지만 대 알베르투스가 1931년에서야 교황 비오 11세에 의해 성인품에 올랐다는 사실은 조금 의아했다. 그의 제자 토마스 아퀴나스는 죽은 지 49년 만에 성인품에 올랐는데, 당대에 최고의 존경을 받았던 그의 스승이 성인으로 추앙받기 위해 거의 800년을 기다려야 했기 때문이다. 그러나 성인품이라는 것은 그 자신보다는 그 성인을 존경하고 따르는 신자들을 위해서라는 사실을 고려할 때, 알베르투스가 20세기에 성인이 된 것은 다른 학문에 대한 그의 열린 정신이 현대 사회에 더욱 필요하게 되었다는 반증이 아니었을까?


## 도서관의 쪽지 노트


토마스가 파리에서 공부했던 4년 정도의 시간(1244~1248년)에 대해서는 아무런 기록이 남아 있지 않은데, 생애의 전환점을 맞는 쾰른 시기에는 그의 재능에 대한 흥미로운 기록들이 많이 남아 있다. 대표적인 사건과 일화 몇 가지만 살펴보도록 하자. 우선 쾰른에서 토마스는 13세기의 중간인 1250년을 맞게 되는데, 바로 이 해에 토마스는 자기 생애의 중간을 보낸 셈이다. 이 시기에 토마스는 '아직 이른 나이임에도 서품을 받을 수 있을 만큼 학문과 생활과 처신에 큰 진전을 보여 주었기' 때문에 쾰른에서 사제로 서품되었다.

다른 일화는 알베르투스가 신플라톤주의자 위-디오니시우스 아레오파기타의 『신명론De divinis nominibus』을 강독하고 있던 때에 일어났다. 토마스의 능력과 조숙함을 알지 못하는 어떤 선배가 토마스에게 그 어려운 교재를 공부하는 것을 도와주겠다고 나선 것이다. 토마스는 아주 겸손하고 감사하는 마음으로 그의 호의를 받아들였다. 그러나 그 선배는 설명을 시작하자마자 논변의 맥락을 잃어버리고 말았다. 토마스는 그 선배를 격려하기 위해서 그 본문을 단계별로 나누어 '심지어 교수가 설명하지 않은 것들까지도 덧붙여 가며' 선배가 마치지 못한 설명을 계속했다. 토마스의 특별한 능력을 알게 된 그 선배는 오히려 토마스에게 자기를 가르쳐 달라고 청했다고 한다. 토마스는 "아무에게도 말하지 마세요."라는 당부와 함께 아마도 그렇게 했을 것이다.

하루는 토마스가 예습을 하기 위해 책을 읽던 중, 중요한 내용을 메모해 놓은 양피지 조각을 도서관에서 잃어버리고 말았다. 이 조각을 주운 학생이 살펴보자, 거기에는 아직까지 한 번도 들어보지 못한 내용이 빼곡하게 적혀 있었다. 이 학생은 그 내용을 보고 스승 알베르투스가 강의를 위해 준비한 것이라 생각하여 스승에게 가져다드렸다. 그러나 이 조각을 받아 든 알베르투스는 그 내용에 놀라고 말았다. 거기에는 실제로 자신이 다음 기회에 강의해야겠다고 생각하던 내용이 매우 높은 수준으로 상세히 정리되어 있었기 때문이다. 이 메모를 적은 학생이 누구일까 생각하는 순간, 알베르투스는 바로 한 학생을 떠올릴 수 있었다. 그는 '읽을 수 없는 문자littera illegibilis'로 불릴 정도로 유명한 악필惡筆이었던 토마스였다. 결국 알베르투스는 뛰어난 재능과 성실함을 지닌 토마스

**토마스 아퀴나스의 '읽을 수 없는 문자littera inintelligibilis'**
대 알베르투스는 높은 수준의 연구 내용이 메모되어 있는 양피지 조각을 보고 그것을 적은 학생이 누구일까 궁금해했다. 그러나 곧 '읽을 수 없는 문자'라고 악명이 높았던 토마스 아퀴나스의 글씨를 알아보고 토마스가 이미 놀라운 수준의 학문적 깊이에 도달했음을 확신하게 되었다.

를 자신의 조교로 삼았다. 토마스는 매우 박식하고 개방적인 사상 가였던 대 알베르투스 밑에서 공부하며, 그로부터 자신의 평생을 좌우할 개방적인 정신을 물려받았다.

쾰른에서 연구년을 시작할 무렵, 토마스의 그 유명한 악필을 직접 살펴볼 기회가 주어졌다. 나의 박사학위 지도교수인 클라우스 야코비Klaus Jacobi 교수님이 40년에 가까운 기간 동안 작업해 왔던 독일어판 『신학대전』 제9권(I-II, qq.1-16)을 방대한 양의 주해와 함께 2021년 말에 출간했다. 독일 도미니코회는 그 공로를 인정해서 그분께 명예 메달을 주기로 결정했고, 이를 축하하기 위한 특별 강연이 열렸다. 이어지는 축하 행사에서 나는 몇 가지 중요한 선물을 받았다. 첫 번째 선물은, 내가 야코비 교수님께 꽃다발을 가져다 드리면서 함께 축하할 수 있는 소중한 시간을 가진 것이다. 2022년 봄에 그분의 책을 선물로 받아보고 그 철저함과 학문적 정열에 다시 한번 놀랐던 감흥을 직접 말씀드릴 기회를 가졌기 때문이다. 두 번째 선물은 논문에서만 읽었던 토마스 아퀴나스의 친필 메모가 적힌 수사본手寫本을 직접 볼 수 있었던 것이다. 쾰른 도미니코회가 가지고 있던 대부분의 수사본들은 나폴레옹의 프랑스군이 독일을 점령했던 당시 거의 다 헐값에 매각되며 손실되었지만, 우연히 남아 있던 대 알베르투스의 수사본을 정리하던 중에 한 연구자가 그 수사본 옆에 기록되어 있는 토마스의 메모를 발견했던 것이다. 대 알베르투스가 위僞-디오니시우스Pseudo-Dionysius 의 『신명론』을 강의하면서 조교였던 토마스에게 직접 강의 준비

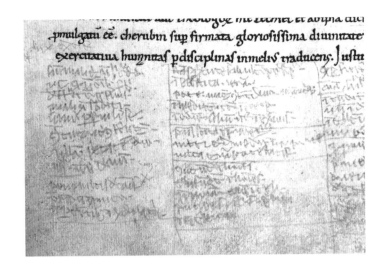

**새롭게 발견된 토마스 아퀴나스의 친필 메모가 담긴 수사본**

쾰른에서 대 알베르투스의 조교로서 활동하던 토마스 아퀴나스가 스승의 강의 준비를 돕기 위해 여백에 주요 내용을 메모해 놓은 것이 쾰른에서 발견되었다. 쾰른 교구 도서관에 소장되어 있는 수사본이 야코비 교수의 명예 메달 수여식에 전시되었다.

를 맡겼다는 사실은 그가 제자를 얼마나 신뢰했는지를 보여 준다. 명예 메달 수여식 때문에 이루어진 특별 전시에서 바로 이 수사본이 참석자들에게 전시되었고, 그의 '읽을 수 없는 문자'를 직접 볼 수 있는 기회를 가졌다. 세 번째 선물은 이어지는 축하 리셉션에서 독일 도미니코회 총관구장인 크로이츠발트Provinzial Kreuzwald 신부님과의 대화를 통해 받았다. 내가 '클래식 클라우드' 집필에 대한 계획을 설명하면서 로마의 산타 사비나 수도원도 방문하고 싶다고 말하자, 자신이 직접 그 수도원에 연락해 주겠다고 하신 것이다. 직접 아는 분이 없어서 연락을 망설이고 있던 나에게 그분의 제안은 너무나도 큰 희망이 되었다. 그분의 호의가 맺은 놀라운 결실은 이 책을 읽어가면서 차츰 체험할 수 있을 것이다.

우선 한 가지만 미리 언급하자면, 그분은 내가 대 알베르투스와 토마스가 함께 살았던 당시의 쾰른 도미니코회 수도원과 독일어판 『신학대전』 출간 과정에 대한 궁금한 점을 메일을 통해 질문하자, 그 분야의 전문가로 스프링거 박사님Dr. Springer을 소개해 주었다. 스프링거 박사님은 여러 차례의 메일을 통해서 나의 궁금증을 해소할 자료들을 보내 주었고, 직접 만나 상세한 설명도 해주었다. 성 안드레아 교회는 나중에서야 도미니코회에 맡겨졌다는 사실을 알게 된 나는, 그렇다면 옛 수도원 자리는 어디냐고 스프링거 박사님께 물었다. 그러자 그는 나와 함께 동행해서 슈톨크가쎄Stolkgasse에 있던 수도원 자리로 안내해 주었다. 지금은 우체국과 요양원이 들어선 거대한 현대식 건물 앞에 작은 청동 명판이 이곳에 위치했던 도미니코회 수도원의 역사를 알려 주고 있었다. 세월

**쾰른의 도미니코회의 옛 흔적을 알려 주는 동판**

토마스 아퀴나스가 스승 대 알베르투스와 함께 생활하고 사제 서품을 받았던 도미니코회 수도원은 완전히 사라지고 그곳에 우체국 본부와 양로원이 들어서 있다. 이곳에 수도원이 있었다는 사실만을 동판이 알려 주고 있었다.

의 무상함을 느끼던 나에게 그 건물 앞에 대 알베르투스와 토마스 아퀴나스의 사진과 함께 각각의 사상적 중요성을 알려주는 안내판이 서 있다는 점은 작은 위로가 되었다.

대 알베르투스는 본래 독일인이었고, 비교적 늦게 1388년에야 설립된 쾰른대학교가 자신들의 뿌리를 대 알베르투스가 세운 '일반 학원'과 연결시키면서, 쾰른에서 가장 유명한 학자로 인정받고 있다. 그래서 5만 명에 달하는 대학생이 다니는 쾰른대학교 본관 앞에는 현대적인 모습으로 표현된 대 알베르투스의 거대한 조각상이 자리 잡고 있다. 새로운 학기 시작이나 카니발 시기에는 짓궂은 대학생들이 그 조각상 꼭대기까지 올라가는 바람에 알베르투스 스승님이 큰 곤욕을 치르곤 한다. 그래서 대 알베르투스에 대한 소개가 있을 것은 기대했지만, 그와 함께 토마스가 상세히 소개되어 있는 것이 더 반가웠다. 더욱이 그를 소개하는 내용은 바로 지도교수였던 야코비 교수님께서 직접 작성하신 내용이었다. 이 안내판을 보며 국적을 뛰어넘어 그의 사상의 중요성이 현대에도 주목받는 것이 반가웠다.

## 정규 토론 뒤의 예언

토마스의 탁월한 능력을 알고 있던 알베르투스는 '정규 토론'의 기회가 왔을 때 토마스를 발표자로 지정했다. '토론disputatio'은 중세 대학 교과과정에서 핵심적인 역할을 했던 부분으로서 강의보

**퀼른 대학교 본관 앞에 서 있는 대 알베르투스 동상**

게르하르트 마르크스가 1954년에 제작한 작품이다. 퀼른 대학교의 공식적인 설립일은 1388년도지만, 자신들의 뿌리가 1248년 알베르투스 마그누스가 세운 '일반 학원'에 있다며 오랜 역사의 자부심을 지니고 있다.

다 횟수는 적었을지라도 그 중요성 면에서는 결코 뒤지지 않았다. '정규 토론disputatio ordinaria'에서는 교수가 공적으로 토론될 내용을 미리 제시했다. 일반적으로 토론은 이틀에 걸쳐서 이루어졌는데, 첫날은 미리 선발된 '대학원생baccalaureus'이 청중으로부터 제기된 반론들에 대해 자기 교수가 제시한 항목들의 순서에 따라 응수해야 했다. 다음 날 교수는 찬반의 모든 논거를 검토해 본 다음, 문제 전체에 대한 자기 자신의 '해결책determinatio' 또는 결론을 제시했다. 이와 같은 토론은 연중 내내, 가능한 한 매우 빈번하게, 아마도 매주 행해졌다.

토마스는 최선을 다해 토론 발표를 준비했고, 토론 첫날 교수들과 동료 대학원생들의 질문이 쏟아지는 것에 대해 일일이 자신이 알고 있는 것을 답변했다. 토마스는 반론에 답변하면서 단순히 배격하는 것만이 아니라 그 상대가 사용하는 용어의 모호함도 지적했다. 그러던 도중 알베르투스는 토론을 잠시 중지시키고 토마스에게 너의 역할이 무엇이냐고 물었다. 토마스가 "발표를 맡은 대학원생입니다."라고 대답하자 알베르투스는 "그런데 왜 교수처럼 답변하고 있는가?" 하고 꾸중했다. 알베르투스는 토마스가 통상적인 발표의 역할을 넘어 최종적인 교수의 결정문에 가까울 정도로 명확하게 답변하자 그가 교만해질 것을 경계했던 것이다. 나중에 알베르투스는 몸집이 크고 말이 적었기 때문에 붙게 된 토마스의 별명 '벙어리 황소bovis mutuus'라는 말을 빌려 동료 대학원생들에게 이렇게 말했다고 한다. "자네들은 토마스를 벙어리 황소라고 불렀지만, 그가 앞으로 가르치게 될 때, 그 울음소리는 전 세계에 울려 퍼질 것이다." 이러한 그의 영감에 찬 예언이 실현되는 데는 그리 오랜 시간이 걸리지 않았다.

1252년 파리에 있던 도미니코회 총장 빌데스하우젠의 요한(John of Wildeshausen, 1180?~1252)은 알베르투스에게, 우수한 강사를 추천하여 그 강사가 파리에 와서 강의를 하면서 신학 박사학위를 준비할 수 있도록 해달라고 요청했다. 토마스는 27세여서, 당시 가장 즐겨 사용되던 신학 교과서였던 페트루스 롬바르두스(Petrus Lombardus, 1096~1164)의 『명제집Libri Quattor Sententiarum』을 강독할 수 있는 최소 규정 연령인 29세에 미치지 못했다. 토마스는 자신의 학문적인 부족함과 법정 연령에 도달하지 못함을 이유로 알베르투스 스승 옆에서 더 배울 수 있도록 해달라고 간청했다. 그럼에도 알베르투스는 이런 간청을 물리치고 총장에게 토마스를 강사 후보로 열렬히 추천하면서 그의 학문적 능력과 생활과 천품들을 설명했다. 결국 알베르투스는 재속 교수들의 반대와 요한 총장의 망설임에도 불구하고 도미니코회원으로서 추기경인 전직 파리 교수 후고Hugo Autissiodorensis의 지원을 받아 토마스에게 파리에서 강의를 시작할 수 있는 기회를 마련했다. 토마스가 파리로 떠난 이후에도 대 알베르투스는 거의 모든 방법을 동원해서 지속적으로 그를 지원했다.

과연 토마스는 어떻게 해서 스승 대 알베르투스를 만났고, '벙어리 황소의 울음소리가 전 세계에 울려 퍼질 것'이라는 예언은 어떻게 이루어졌는지 그가 머물던 장소들을 하나 하나 따라 가면서 알아보도록 하자.

# 토마스의 출생과 성장
## — 아퀴노와 로카세카, 몬테카시노

토마스 아퀴나스는 귀족 출신인 아버지 아퀴노의 란돌포 (Landolfo of Aquino, 1163?~1245?)와 어머니 테오도라(Theodora Carraciola, ?~1255)의 아들로서 1224년 말이나 1225년 초에 나폴리 근처 로카세카Roccasecca성에서 태어났다. 그의 가문이 박학하고 품위 있는 귀족에 속했던 것은 사실이지만, 일반적으로 알려진 것과 같이 백작의 지위에는 도달하지 못했던 것 같다. 토마스는 9남매 중의 일곱째로 다섯 명의 누이와 세 명의 형이 있었다. 그의 가문에 속한 로카세카성과 몬테산지오반니성은 신성로마제국 황제 프리드리히 2세(Friedrich II, 1194~1250, 1220~1250년 재위)가 다스리던 시칠리아 왕국의 가장 북쪽에 위치하여 교황령과 경계가 맞닿아 있었다. 당시 황제 프리드리히 2세는 성직 서임권 문제와 교황령의 영토 문제 등으로 교황과 전쟁을 치를 정도로 극렬하게 대립하고 있었다. 아버지와 형들은 본래 황제 밑에서 기사로서 활동했지만, 종교적인 신심이 깊었기 때문에 교황과 황제 사이의 긴장 안에서 정치적으로 매우 불안한 상태에 있었다. 더욱이 토마스가 태어날 무렵에는 1096년부터 1291년까지 무려 200년 동안 여덟 차례에 걸쳐 벌어졌던 십자군 전쟁이 여전히 진행 중이었다. 즉 토마스는 이집트를 공격했지만 실패하고 만 제5차 십자군 전쟁(1217~1221)이 끝날 무렵 태어났고, 토마스가 로카세카에서 가족 품에서 사랑 받으며 자라고 있을 때는 제6차 십자군 전쟁(1228~1229)이 진행되고 있었다. 실제로 토마스의 첫째 형 아이모네는 신성로마제국 군대에 들어가 싸웠고, 제5차 십자군 전쟁에 참전하기도 했다. 둘째 형 레지날도도 황제의 군대에서 기사로서 활동했다. 이러한 정치적인 맥락에서 토마스는 5년 동안 가족들의 사랑을 받으며 자라났다.


## 토마스 아퀴나스의 탄생지 로카세카 방문


우리는 토마스가 태어난 로카세카 성을 방문하기 위해 로마를 떠나 남쪽으로 향했다. 로카세카는 로마로부터 나폴리 방향으로 130km 떨어져 있다. 다행히 로카세카는 8년 전에 차를 빌려서 소렌토로 향하면서 도중에 들려본 적이 있어서 찾기가 훨씬 수월했다. 로카세카 마을로 들어가자 기막힌 파노라마가 펼쳐지는 전망대가 나온다.

점심시간이 지난 터라 그 앞에 있는 카페에서 커피와 함께 작은 빵을 먹었다. 그 카페가 동네에서 가장 중요한 만남의 장소인지, 경찰들을 비롯해서 꽤 많은 주민들이 오갔다. 한 가지 흥미로운 장면을 목격하게 되었는데, 그중에 두 노인은 지나가는 거의 모든 주민들과 인사를 나누는 것이었다. 잠시 휴식을 통해 기운을 차린 후, 사람들이 잘 찾지 않는 로카세카성의 유적지를 향해 나섰다. 내비게이션도 분명하지 않아서 한두 번 진입로를 놓치고서야 산으로 올라가는 길을 찾았다. 한 가지 놀라운 것은 8년 전보다 진입로가 훨씬 더 정비된 느낌이었다.

유적지 바로 앞까지 가서 주차하고 내렸을 때 작은 강아지 두 마리가 나타났다. 8년 전에는 큰 개가 나와 짖어서 약간 무서웠는데 이번에 만난 강아지들은 사람을 무척이나 반기는 모습이다. 갑자기 그때 만났던 유적지를 지키는 노인의 모습이 생각났다. 당시에도 꽤 고령이셨는데 아직 살아계실까? 잠시 후에 천천히 한 노인이 우리에게 다가왔다. 그동안 훨씬 더 늙은 모습이었다. 이번에도 예전만큼이나 친절하게 '오늘은 날씨도 좋으니 교회까지만 가지 말고 저 꼭대기에 있는 성의 유적까지도 올라가 보라'고 추천을 해주었다. 그러면서 아마도 알고 있는 몇 안 되는 영어단어인 'Beautiful'을 반복했다.

친절히 손을 흔드는 노인을 뒤로하고 유적지 안으로 들어갔다. 토마스 아퀴나스가 태어난 장소라는 표지판이 눈에 들어왔다. 8년 전보다는 확실히 정비가 이루어져서 위험한 돌길이 아니라 중간 정도까지는 나무판과 계단으로 이루어진 평탄한 길이 나타났다. 그래서 교회 쪽으로 빠지지 않고 직접 꼭대기까지 올라가 보기로 했다. 부실한 내 오른쪽 무릎이 걱정되었지만, 이렇게 좋은 날씨에 올라가지 못한다면 다음에는 더 어려울 것 같아 용기를 냈다. 저 멀리 보이는 성의 폐허를 바라보며 발길을 옮기는데, 정

**로카세카 성에서 바라본 평원의 모습**

270도로 탁트인 전망을 지닌 로카세카 성에서 바라보면 아래쪽 평원의 일상이 마치 고정된 풍경화처럼 아름답다. 이런 전망이 어린 토마스아퀴나스에게도 깊은 인상을 주었을 것이다.

**로카세카 성 뒤쪽의 험준한 산세**

탁트인 평원쪽과는 달리 로카세카 성의 뒤쪽으로는 험준한 산세가 이어진다. 이런 지형 때문에 신성로마제국과 교황령 사이의 경계에 위치한 로카세카성은 중요한 전략적 가치를 지니고 있었다. 교황과 황제의 권력이 부침함에 따라 아퀴노 가문의 운명도 많은 영향을 받았다.

비한 지 얼마 되지 않았지만 관리하는 사람의 눈길이 채 닿지 않다 보니 조명등의 여러 곳이 망가져 있고 쓰레기들도 눈에 띄어서 안타까웠다. 이곳까지 찾아올 사람들이라면 유적지의 의미를 알 듯도 한데 여전히 폐허처럼 버려져 있는 것이 아쉬웠다. 지난 번 방문 때도 내 아내와 단둘이 이곳을 둘러보았는데, 이날도 관리인 이외에는 아무도 만나지 않고 우리 둘만이 로카세카성 전체를 거닐고 있었다. 10여 분을 걷고 나니 평탄한 나무길은 사라지고 작은 돌들을 깔아 놓은 돌길이 가파르게 폐허 쪽으로 우리를 안내했다. 가쁜 숨을 몰아쉬며 돌길을 지나 폐허가 있는 정상에 다가가자 곳곳에 다시 돌계단이 나타난다. 좁은 돌길을 잡초들이 덮고 있는 것을 보니 이곳을 찾는 이가 매우 드문 것이 확실하다. 천천히 20여 분을 걸어서 올라가서 뒤돌아보니 아래 교회에서 바라보는 것과는 또 다른 엄청나게 광활한 평야 전체가 한눈에 들어왔다. 이 지형을 직접 체험하며 걸어보니 외적의 침입이 잦은 중세에 귀족들이 왜 이렇게 높은 곳에 성을 지었을지가 이해되었다. 특히 로카세카는 황제군과 교황군이 다투는 전선에 위치해 있었기 때문에 그만큼 전략적인 요충지 역할을 했을 것이다. 몬테카시노 수도원장도 이곳의 전략적 중요성을 잘 알고 있었다고 한다.

성 꼭대기에서 내려다보이는 270도가 넘는 엄청난 파노라마는 감탄을 자아내기에 충분했다. 처음에 왔을 때는 겨울이라 청명했는데, 이번에는 가볍게 운무가 끼어서 뚜렷하지는 않지만 그 광경의 놀라움만큼은 여전했다. 첫 방문 때 토마스 아퀴나스가 신론과 인식론 등 서구 사상의 모든 분야를 아우르는 『신학대전』을 집대

**로카세카 성으로 올라가는 가파른 돌길과 열쇠 구멍 모양의 성문의 흔적**
토마스 아퀴나스가 태어난 로카세카 성은 로마에서 나폴리 방향으로 내려가는 길에 위치해
있다. 이 성은 아스프라노산(553미터) 중턱, 해발 408미터에 자리잡고 있다. 들판에 솟은 산
이라 성에서 내려다 보는 풍경이 아주 아름답다.

성한 것은 바로 이러한 환경에서 자랐기 때문이 아닐까, 추측했던 사실이 기억났다.

허물어진 성문 안으로 들어가서 여기저기를 살펴보았지만 특별히 주목할 만한 것은 남아 있지는 않았다. 단지 이쪽 출입문으로부터 저쪽 출입문까지의 거리로 추정할 때 그렇게 큰 성이라고는 할 수 없는 소박한 성이라고 생각되었다. 성탑의 흔적들이 남아 있지만 모두 허물어져 전체적인 옛 모습을 상상하기에는 어려움이 있었다. 그렇지만 이 성 안에서 어린 토마스는 많은 형과 누나들의 사랑을 받으면서 자랐을 것이다. 안타깝게도 이름을 알 수 없는 누이 중 하나는 이 성에서 벼락을 맞아 죽었다고 했다. 그렇기 때문에 토마스도 후대의 루터처럼 벼락이 치는 날에는 종종 신의 심판에 대한 두려움을 느꼈다고 한다. 반대편의 출입문은 열쇠 모양을 하고 있어서 그 너머에 있는 작은 탑과 구름을 품은 산들을 더욱 신비롭게 만들어 주었다.

성을 모두 둘러본 후에 되돌아오면서 바라보니 올라갈 때와는 다른 풍광이 펼쳐졌다. 갑자기 도미니코회 입회에 반대한 어머니 테오도라와 가족에 의해서 토마스가 이곳에 1년 동안 잡혀 있을 때는 어떤 생각을 하면서 저 평야를 바라보았을까 하는 의문이 들었다. 중간까지 내려오니 멀게만 느껴지던 산 아래 마을이 훨씬 친근하게 느껴진다. 그렇지만 작은 돌들이 깔린 길이라 위험하기도 해서 조심해서 교회까지 내려올 수 있었다. 정문 쪽에서 왼쪽 길을 타고 성으로 올라가지 않고 계속 평평한 길을 따라가면, 토마스가 성인이 된 후 처음 세워졌다는 기념 성당이 나온다. 예전

**로카세카 성 밑에 있는 성 토마스 기념성당**

이 성당은 토마스가 성인이 된 이후 최초로 세워진 기념성당들 중에 하나이다. 14세기부터 지속되어 온 성당은 낡기는 했지만 중세 시대의 성당 분위기를 느낄 수 있는 곳이고 가까운 곳에 아래의 평원 전체를 볼 수 있는 멋진 전망대가 있다.

에는 이 교회까지만 와서 아래 평원을 바라보며 놀라운 풍경에 감탄한 적이 있었다. 낮고 평평한 계단을 따라 올라가서 닫혀 있는 교회 문을 여니 삐걱하는 소리가 크게 들린다. 관리인이 없어서 교회 자체는 큰 쇠창살로 닫혀 있고 그 틈을 통해서 교회 안을 바라볼 수 있게 되어 있었다. 안타깝게도 조명이 되어 있지 않아서 교회 안은 매우 어두웠지만 잠시 기다리자 어둠에 익숙해져 전체적인 모습이 눈에 들어온다. 거의 장식은 없지만 나무 의자들이 빼곡히 놓여 있었다. 벽들은 수리가 필요해 보였지만, 이탈리아에는 워낙 중요한 교회들이 많아서 아직 이곳까지는 그 손길이 미치지 못했을 것 같다. 오랜 역사를 지닌 이 교회에서 14세기에 미사에 참석했던 사람들은 거의 700년 지난 훗날에 저 멀리 동양에서부터 한 학자가 그 아기가 쓴 책을 읽고 감동을 받아서 이곳에 찾아오리라는 것을 꿈에라도 상상을 할 수 있었을까? 위로 올라가지 못하는 사람들도 놀라운 풍광을 감상할 수 있도록, 교회를 지나 50미터 정도 더 올라가면 위와 유사하게 270도 정도로 모든 평원을 한눈에 바라볼 수 있는 전망대가 나온다. 가파른 절벽 아래를 자세히 바라보니, 위에서는 자세히 눈에 들어오지 않았던 올리브 나무가 가득 심겨있는 농장의 평온한 모습이 눈에 들어왔다.

교회 종탑에서 울리는 종소리가 들릴 무렵에는 우리를 비추던 태양도 구름 너머로 넘어가면서 하늘을 붉게 물들이고 달도 나와서 수줍게 인사를 하고 있었다. 토마스보다 바로 전 시대에 활동했던 프란치스코 성인(St. Franciscus, 1181~1226)의 '형님인 태양과 누님인 달'이라는 말로 시작하는 찬미가가 절로 나오는 순간이었다.

로카세카성의 폐허를 뒤로 하고 세월의 무상함을 느끼면서도 토마스 아퀴나스와 나 사이에 작은 비밀이라도 생긴 것 같은 뿌듯함을 가지고 발길을 돌렸다.


## 아퀴노 대성당

로카세카성을 내려와서 다음 목적지인 몬테카시노 수도원으로 향하기 전에 아퀴노Aquino라는 마을로 들어갔다. 사실 토마스 데 아퀴노Thomas de Aquino라는 이름에도 나오듯이 아퀴노는 토마스의 집안에 속한 영지領地를 대표하는 이름이다. 이곳에 아퀴나스의 집Casa di Tommaso d'Aquino이라는 건물이 있는데, 토마스가 태어났다는 설도 있지만 실제로는 그의 백부가 살았고, 13세기에 이미 모두 파괴되었다가 다시 재건되었다고 한다. 방문 당시에 건물은 닫혀 있다고 해서 아퀴노 대성당을 방문 장소로 선택했다. 이 대성당은 성 콘스탄티누스와 토마스 아퀴나스 기념 공동 대성당 Cattedrale dei Santi Costanzo Vescovo e Tommaso d'Aquino이라는 기나긴 공식 명칭을 지니고 있다. 이전에는 토마스 아퀴나스와 직접 관련이 없는 성당이었지만 교황 바오로 6세가 이곳을 방문하면서 이름이 알려졌고, 탄생 700주년을 기념하여 툴루즈의 자코뱅 성당에서 토마스 유해의 일부를 이곳에 유물로 기증함으로써 기념 성당으로 격상되었다.

성당 근처에 차를 세우고 독특한 모습의 원형 출입구를 통해 들

## 아퀴노 마을의 대성당

토마스 아퀴나스의 이름에도 남아 있는 아퀴노라는 마을에는 대성당이 존재한다. '성 콘스탄티우스와 토마스 아퀴나스 기념 공동 대성당'이란 긴 이름을 가지고 있는 이 성당은 토마스와 직접 관련은 없었다. 그러나 성 토마스 탄생 700주년을 기념하여 성유물이 기증됨으로써 순례자들이 꾸준히 찾고 있다.

어갔을 때 성당 안에서는 성탄 구유를 제작하는 곳 이외에는 짙은 어둠이 드리워져 있었다. 우리가 들어가서 어둠 속에서라도 촬영하는 것을 보자 성당 관리인이 제대 쪽에서 나타났다. 일반 본당이어서 촬영을 중지시키려 하는가 하고 잠시 긴장한 순간, 제대 방으로 들어가더니 성당 전체의 조명을 환하게 켜주는 것이었다. 성당 자체는 11세기부터 유지된 오랜 역사를 가지고 있지만, 여러 차례의 개보수를 거쳐 현재는 이탈리아에서는 상대적으로 매우 현대적인 모습을 띤 성당이었다. 제대 뒷면에도 매우 현대적인 커다란 예술품 위에 '거룩한 토마스 성인이 말씀하셨다'라는 글이 적혀 있었다.

성당 벽면에는 토마스 성인의 유해를 모시게 된 사연이 기록되어 있었다. 그 옆 측면 경당에는 심장에 칼이 꽂힌 전형적인 성모상 옆에 콘스탄티누스 성인과 함께 토마스 아퀴나스 성인의 조각상이 놓여 있었다. 가슴에 상징적인 태양을 달고, 왼손에는 『신학대전』을 펼쳐 든 채 오른손을 번쩍 들어 우리에게 강복이라도 주시려는 것처럼 보였다. 흔히 보기 힘든 포즈여서 더 나의 시선을 끌었다.

성당 자체의 모습보다도 자기 성당을 찾아온 낯선 방문객을 배려하는 모습이 매우 인상적이었다. 자신의 고향 이름이 영어로는 자신의 고유명사처럼 사용하게 된 성인에 대한 존경심이었을까? 아퀴노 시를 떠나면서 다시 한번 주위 사람의 도움으로 가득 찬 순례의 하루에 깊이 감사드렸다.

**아퀴노 대성당에 있는 성 토마스 아퀴나스의 조각상**

주로 책을 집필하는 모습으로 묘사되어 있는 성 토마스의 자세와 달리 마치 강복이라도 주려는 듯 팔을 펼쳐든 자세가 시선을 끌었다.

## 몬테카시노 수도원 학교에서 보낸 학생 시절

토마스의 부모는 토마스를 이미 5번째 생일이 조금 지난 다음에 가까이에 있던 몬테카시노Montecassino 수도원에 '봉헌된 자oblatus'로 보냈다. 봉헌된 자는 아직 정식 수도자 지망생은 아니지만, 성인이 되었을 때 수도자가 되기를 희망하는 학생을 가리킨다. 귀족이나 기사들은 전쟁 등에서 자신에게 문제가 생겨도 계속 교육을 받을 수 있고, 또한 자신이 지은 죄를 속죄할 수 있도록 계속 기도해 주기를 바라는 마음으로 대개 막내아들을 수도원 학교에 봉헌하곤 했다. 더욱이 토마스의 먼 친척 란돌포 신니발도Landolfo Sinnibaldo가 1227년부터 1236년까지 몬테카시노 수도원의 원장이었다. 그 수도원의 문서에 따르면, 1231년 3월 3일 토마스의 아버지가 20금화Unzen Gold를 교육비로 지불했는데, 이것이 토마스의 생애에 대한 가장 오래된 기록 중 하나이다. 그의 부모는 토마스가 그곳에서 수사, 그리고 나중에는 수도원장이 되기를 바랐던 것 같다. 토마스는 이 수도원 학교에서 주로 신심에 관련된 것과 함께 라틴어와 대중 언어의 문법, 즉 3학과(문법학, 논리학, 수사학)에 이어서 4학과(산술학, 기하학, 음악학, 천문학) 등을 배웠다. 이런 교육을 통해 어린 토마스는 고대의 교육을 보존하고 7 자유학예artes liberales 교육을 강화하려는 베네딕도회 전통에서 자라났다. 그런데 어렸을 때부터 몸집이 상당히 컸던 토마스는 같은 또래의 동료들이 활발히 뛰어놀 때에도 독서와 사색에 깊이 빠져 있곤 했다. 그의 대표적인 전기 작가 구이Gui는 몬테카시노 시절 토마스의 태도에 대해 다음과 같이 묘사했다.


"그는 조숙하고 침착한 어린이로서 다른 아이들의 이러저러한 천박함과는 거리가 멀었다. 말이 많지 않았고 이미 내적인 명상에 빠지곤 했으며 과묵했다. 그는 행동에 늘 조심했으며, 그 어린 나이에 벌써 기도에 전념했다."


## 몬테카시노 수도원의 역사

토마스가 어린 시절 대부분을 보냈던 몬테카시노 수도원은 그 유명한 누르시아의 베네딕토 성인(St. Benedict of Nursia, 480~547)이 직접 설립한 수도원이다. 로마 근처에 있는 수비아코Subiaco에서 12명 정도의 인원이 머무는 12개의 수도원을 건립했지만, 주변 성당과의 마찰이 지속되자 수도 생활하기에 적합한 장소를 새롭게 찾은 곳이 바로 여기였다. 그는 본래 아폴로 신전이 있던 곳을 정화해서 최초의 몬테카시노 수도원을 세웠다.

베네딕토 성인의 명성으로 수도원은 발전해 갔지만 성인은 자신이 세운 수도원이 멸망하리라는 환시를 보게 된다. 그 수도원이 실제로 폐허가 되는 데는 그리 오래 걸리지 않았다. 게르만족의 일파인 랑고바르드족(롬바르드족)이 570년에 그 수도원을 파괴했기 때문이다. 얼마 후 재건되었지만 881년에 다시 사라센에 의해서 철저하게 파괴되고, 1349년에는 대지진으로 다시 파괴되었다.

그 후 17세기에 수도원은 다시 복원되었지만 전체적으로 수도원의 명성과 활력은 쇠퇴했다. 그래도 프랑스군의 점령 시기를 제외하고는 그 명맥을 유지하고 있던 수도원은 제2차 세계대전 말기에 벌어진 '몬테카시노 전투'에 의해서 완전히 파괴되었다.

연합군이 이탈리아 남부로부터 올라 올 때 독일군은 최후 방어선으로 '구스타브 전선Gustav line'을 설정했다. 그 전선이 바로 이 지역을 통과했고, 그중에서도 몬테카시노 수도원이 위치한 봉우리는 연합군의 진격로를 바로 내려다볼 수 있었기 때문에 전략적으로 매우 중요했다. 독일군도 이를 잘 알고 있었지만 독일 공군의 케셀링Kesselring 장군은 수도원의 문화적ㆍ종교적 중요성을 알고 있었기 때문에 부하 장교들에게 몬테카시노 수도원에는 손도 대지 말라고 엄명을 내렸다. 그리고 자신들이 수도원을 방어에 이용하지 않을 것이라는 사실을 연합군에게도 알렸다. 그러나 연합군의 장성들은 독일군의 진의를 의심했고, 독일군이 몬테카시노 수도원에 숨어 있다는 잘못된 첩보를 바탕으로 1244년 2월 15일 무려 1,250톤의 폭탄을 퍼부었다. 이렇게 잘못된 판단은 민간인의 희생을 가져왔을 뿐만 아니라, 연합군의 공격에도 엄청난 지장을 초래했다. 수도원이 완전히 파괴되어 문화적 가치를 상실하자, 그 가치 때문에 망설이던 독일군 공수부대에게 수도원의 폐허가 최고의 은신처를 제공했기 때문이다.

'초록색 괴물'이라는 명성까지 얻었던 용맹한 독일군 공수부대는 파괴된 수도원을 활용하여 수적으로 압도하는 연합군의 공격을 연이어 물리쳤다. 그 오랜 공방전에서 연합군 사상자가 55,000명,

**몬테카시노 수도원의 전경**

몬테카시노 수도원은 베네딕도 성인이 세운 수도원으로서 그리스도교 수도원 역사에서 매우 중요한 역할을 하고 있다. 한때 300명의 수사들이 살았던 대수도원이 지금은 10명 정도로 줄어들어서 이탈리아 국가에서 관리하고 있다.

독일군의 피해가 22,000명에 달했으니 그 전투의 격렬함을 충분히 상상해 볼 수 있다. 어떤 연합군 부대도 피해를 감수하며 폐허가 된 수도원을 공격하려 나서지 못할 때, 가장 용감하게 나선 것은 폴란드 부대였다. 조국 폴란드가 독일군에게 점령되어 온갖 수모를 당한 것에 원한을 가지고 있던 폴란드인들은 죽음을 각오하고 수도원으로 기어올랐다. 용맹함으로는 누구에게도 뒤지지 않던 독일 공수부대도 수류탄으로 하체를 잃고도 저항하는 폴란드 군인을 보면 마치 아귀를 보는 듯한 두려움을 느꼈다. 결국 폴란드 부대는 4,000명의 사상자를 낸 끝에 수도원을 점령했고, 이로써 제2차 세계대전에서도 특별히 기록될 '몬테카시노 전투'는 끝이 났다.

전투는 끝났지만 그 결과는 참혹했다. 대수도원은 완전히 파괴되었고 제대로 남아 있는 것은 하나도 없었다. 전후 이에 대한 복귀가 논의되었고, 로마 교황청에서 수도원의 복귀를 결정하자 전투에 참여했던 참전국들은 전후의 어려운 경제에도 불구하고 힘을 합쳤다. 독일의 아데나워 수상, 이탈리아의 에이나우디Luigi Einaudi 대통령 등이 복구에 발을 벗고 나섰다. 그 결과 1964년 교황 바오로 6세는 수도원을 축성할 수 있었고, 향후 지속적인 수리를 통해 지금의 아름다운 모습을 찾았다.

## 몬테카시노 수도원 방문

이 수도원의 역사를 알고 있고, 평화방송에서 베네딕토 성인의 생애에 대해서도 강의를 한 적이 있었기 때문에 나는 오래전부터 이 수도원을 제대로 방문해 보고 싶었다. 그래서 수도원의 담당 부서에 나의 방문 목적을 밝히기도 했고, 한국에 계신 베네딕토회 신부님들께도 지인이 계신지를 물었지만 긍정적인 답을 얻을 수 없었다. 안타깝게도 중세 시대에 300명이 넘는 수사들이 살고 있던 그 큰 수도원에 현재 10분 정도의 수사님들만이 생활하신다는 소식을 들었다. 수도원 자체의 관리에도 어려움이 있어서 안내 및 관리는 모두 이탈리아의 공무원들이 맡고 있다는 것이었다.

웬만한 전문가가 아니라면 학생으로서 토마스 아퀴나스가 이곳에서 공부했다는 사실을 알 수도 없기 때문에 마음을 비우고 독일어 일반 가이드를 예약한 채 몬테카시노 수도원으로 올라갔다. 마음이 급해 아침 일찍 방문해서인지 거대한 수도원에는 몇몇 개인적인 방문자들만이 있어서 적막감이 느껴질 정도였다. 널찍한 복도 오른쪽에 있는 수도원 안내실에서 우리 예약 시간을 확인한 후 직접 방문에 나섰다.

첫 번째 마주친 성 마르티누스St. Martinus의 정원에는 베네딕토 성인이 마지막 임종시에 동료 수사들의 도움을 받아서 하늘을 향해 두 팔을 벌려 기도하시는 모습이 멋진 조각으로 표현되어 있었다. 성인의 눈길이 닿는 곳에 그가 존경했던 마르티누스 성인이

**몬테카시노 수도원 입구에 서 있는 베네딕도 성인의 조각상**

몬테카시노 수도원에 들어서면 베네딕도 성인이 존경했던 마르티노 성인의 이름을 딴 정원을 만나게 된다. 그곳에는 두 팔을 치켜들고 기도하면서 마지막 순간을 맞이한 베네딕도 성인의 조각상이 서 있다.

말 위에서 자기의 망토를 잘라주는 모습이 눈에 들어왔다. 그런데 베네딕토 성인은 왜 마르티누스 성인을 특별히 좋아했을까? 그 망토 기부 장면은 워낙 유명해서 알고 있었지만, 마르티누스 성인이 로마군 장교로서는 최초로 그리스도교 정신에 따라 병역을 거부한 후, 수도원을 창립했었다는 사실은 이번에 새로 알게 되었다. 또한 베네딕토 성인이 병자들을 특별하게 사랑하고 치료하기 위해 노력했다는 점도 마르티누스 성인의 모범을 따랐으리라는 생각이 들었다.

마르티누스 정원을 지나 안쪽으로 들어가니 왼편으로 정말 놀라운 장관이 펼쳐졌다. 아래쪽 평야 전체가 한눈에 들어오고 마침 그때 환한 빛이 평야 전체를 비추고 있어서 그 광경 자체가 하나의 축복처럼 느껴졌다. 다른 한편으로 이렇게 모든 평야를 바라볼 수 있으니 북진하던 연합군이 이곳에서 공격해 올 독일군을 두려워했으리라는 점도 이해는 되었다. 그러나 오른쪽에 커다란 폴란드 부대의 묘지와 기념탑이 자리하고 있는 모습을 보면서 그리스도교 정신에 따른 평화를 역설했던 베네딕토 성인의 가르침이 공허한 메아리가 된 듯해 안타까웠다.

그 안쪽에는 예전에 베네딕토 수도원 초등학교가 있었던 정원이 나타났다. 수도원 자체 안에는 화장실이나 카페 등이 전혀 없고, 유일한 편의시설로 음료와 간단한 샌드위치를 파는 자판기들이 설치된 방이 있었다. 한때 꽤 유명한 초등학교로서 많은 학생이 있었지만, 학생 수가 줄고 수사들도 감소해서 교사 수급에 어려움이 있어서 십여 년 전에 문을 닫았다고 한다. 두 정원을 오가

**몬테카시노 수도원에서 내려다 보이는 폴란드군의 묘지**

제2차 세계 대전 당시 몬테카시노 수도원 전투에서만 4000명이 넘는 희생자를 냈던 폴란드군의 묘지가 수도원에서 바라보는 멋진 파노라마에 전쟁의 피해라는 씁슬한 그림자를 드리우고 있다.

면서 토마스 아퀴나스가 이곳을 중심으로 무려 9년을 생활했을 것을 상상해 보았다. 활기차게 뛰노는 다른 동료들과 달리, 어린 토마스는 책을 부둥켜안고 나무 그늘에서 저 아래의 평야를 바라보면서 어떤 생각을 하고 있었을까? 한 가지 놀라운 점은 토마스가 태어난 로카세카성이나 오랜 시간 교육을 받으며 성장한 이곳 몬테카시노 수도원 모두 엄청난 파노라마가 펼쳐지는 정경을 자랑하고 있다는 점이다. 이런 환경 때문에라도 토마스는 자신도 모르게 신학 전체를 보다 높은 관점에서 바라보는 습성이 생겨났던 것은 아닐까?

발길을 돌려 수도원 중앙으로 돌아오니 건축가 브라만테(Donato Bramante, 1444~1514)의 정원이 나온다. 중앙의 커다란 우물을 지나 대성당 쪽으로 다가가니 그 유명한 베네딕토 성인과 스콜라스티카 성녀의 조각상이 나란히 서 있다. 두 사람은 쌍둥이로서 같은 부모에서 태어났을 뿐만 아니라 영적으로도 수도원과 수녀원을 이끄는 동일한 사명을 지니고 살았다. 스콜라스티카 성녀는 베네딕토 성인을 특별히 존경하여 매년 수도원에 찾아와서 조언과 가르침을 청했다. 일화에 따르면 어느 날 스콜라스티카 성녀가 찾아왔을 때, 수도회 규칙에 따라 베네딕토 성인은 수도원 밖의 한 숙소에서 영적 담화를 나누었다. 베네딕토 성인이 밤이 되어 돌아가려 하자 스콜라스티카 성녀는 평소와 달리 좀 더 남아서 대화를 이어갈 것을 청했다. 성인이 거절하자 성녀는 잠시 들어가 조용히 기도했는데, 갑자기 밖으로 나갈 수 없을 정도로 폭우가 쏟아졌다. 베네딕토 성인이 놀란 눈으로 그녀를 쳐다보자 그녀는 "오빠

원장님께서 허락해 주시지 않으니 하느님께 청을 드렸지요." 하면서 살포시 웃었다. 엄격한 베네딕토 원장도 그 진심을 이해하고 보다 많은 영적인 이야기를 나누었다. 며칠 후 베네딕토 원장은 자신의 수도원에서 비둘기 모양을 띤 한 영혼이 하늘나라로 올라가는 환시를 보았다. 그 순간 자신의 여동생 스콜라스티카 성녀가 선종했다는 사실을 확인했다. 불과 2주 정도 후에 베네딕토 성인도 주님의 품에 안겼다.

근엄한 모습을 하고 있는 베네딕토 성인의 조각상 발밑에는 성인을 시기하던 플로렌티오 신부가 보낸 독이 든 빵을 바깥으로 치웠던 까마귀가 성인의 상징으로 남아 있다. 그 밑에는 '주님의 이름으로 오신 분Qui venit in nomine Domini'이라는 라틴어 문구가 쓰여 있었다. 스콜라스티카 성녀의 조각상에는 '오라, 나의 비둘기여, 영광의 관을 받으리라Veni, columba mea, coronaveris'라는 문구가 쓰여 있었고 그녀의 발밑에는 베네딕토 성인이 보았다는 비둘기가 조각되어 있었다. 마침 수도원 정원 주변에는 성녀를 회상하기 좋은 상징인 하얀색 비둘기 떼가 날아다니고 있었다. 그러나 두 조각상은 완전히 다른 운명을 겪었다. 베네딕토 성인상은 1944년 연합군의 무차별 폭격에도 불구하고 기적적으로 온전한 형태로 남아 있었다. 이와 대조적으로 스콜라스티카 성녀상은 완전히 파괴되어 다시 본래 모습대로 복원된 것이라고 한다.

두 조각상 뒤로 나타난 넓은 계단을 걸어 올라가니 '후원자들의 정원'이 나타난다. 그동안 몬테카시노 수도원의 발전에 기여했던 기증자들 24명의 조각상이 늘어서 있는 회랑이 나타났다. 그중에

### 건축가 브라만테의 정원

수도원의 중앙에는 건축가 브라만테가 설계한 정원이 자리잡고 있다. 이곳에 베네딕도 성인
과 쌍둥이 동생 스콜라스티카 성녀의 조각상이 이곳을 찾는 순례자들을 반기고 있다.

**몬테카시노 대성당의 앞뜰을 이루는 후원자들의 정원**

몬테카시노 수도원 성당 앞은 후원자들의 정원으로 꾸며져 있다. 교황, 황제 등 수도원을 후
원해 준 대표적인 인물들이 조각되어 있다. 대성당의 정문은 유럽 전역에 있던 베네딕도 수
도원의 지명들로 장식되었다.

는 다수의 교황, 카를대제와 같은 황제나 왕들이 포함되어 있다. 그러나 대성당의 정문 앞에 서 있는 두 기증자는 바로 베네딕토 성인과 스콜라스티카 성녀를 세상에 낳아준 부모님의 모습이었다.

두 분 사이에 있는 정문은 9~11세기에 유럽 전역에 있었던 베네딕토회 수도원과 영지들을 하나하나 기록해 놓았다. 콘스탄티노플에 있는 비잔티움 제국과도 긴밀한 관계를 맺고 있었기 때문에 이 청동 문도 그곳에서 제작되었다고 한다. 이 청동 문에 나열된 것처럼 베네딕토회의 본산인 이 몬테카시노 수도원도 11~12세기에 그 발전의 정점에 도달했고, 전성기가 지나 서서히 그 영향력이 약화되던 13세기 초에 토마스 아퀴나스는 이곳에서 수도원 학교를 다녔을 것이다.

대성당 안으로 들어가자 모두 파괴되었다고 믿기 어려울 정도로 화려하게 장식된 이태리 남부 바로크 양식의 내부가 드러났다. 순례 기간이 아니고 이른 아침이라 대성당이 텅 비어 있어서 우리만 편안하게 여기저기를 둘러볼 수 있었다. 여러 가지 주목할 만한 그림과 경당이 있지만 역시 가장 중요한 것은 베네딕토 성인과 스콜라스티카 성녀가 모셔진 제대 뒤편이다. 조심스럽게 그곳으로 다가가자 두 성인이 그려진 성화 밑에 직접 보이지는 않지만 두 분의 유해가 아래에 모셔져 있다는 설명이 나온다. 제2차 세계대전의 폭격 당시에 이곳에도 포탄이 떨어졌지만 폭발되지 않은 불발탄이어서 두 분의 유해와 이 성화는 온전히 보전되었다고 한다. 열심 가득한 신앙인들의 눈에는 충분히 기적이라고 불릴만한 사건이었다. 무덤 주위에는 베네딕토 성인이 행했던 다양한 기적들이 부조로 조각되어 있었다.


## 수도원 안에서 토마스 아퀴나스 흔적 찾기

우리 힘으로 수도원을 돌아보며 충분히 예습을 한 다음에 독일어 가이드와 약속한 시간이 되어 다시 안내실을 찾았다. 1시와 1시 반에 독일어 가이드가 있었는데 1시에는 아무도 나타나지 않았고, 우리가 예약한 1시 반에도 아내와 나 둘 뿐이었다. 1~5명까지는 같은 비용이어서 거의 개인 가이드를 받는 행복을 누릴 수 있었다. 앞에서 이미 설명한 내용들을 복습한 후에 대성당 안으로 들어왔다.

일반적인 설명을 듣고 어둠에 익숙해지자 제대 아래층으로 내려가는 계단이 보였다. 아래로 내려가 보니 베네딕토 성인에게 특별히 사랑받았던 제자 마우루스Maurus와 플라치두스Placidus에게 봉헌된 경당 등을 비롯해서 아름답게 장식된 지하 경당이 나타났다. 제대로 통하는 양쪽 평평한 계단이 각각 수사들과 수녀들로 장식되어 양성평등을 실현하는 듯한 모습이 인상적이었다. 계단 위에 있는 아름다운 별들이 천상으로 들어가는 듯한 기분을 주었다. 어두운 경당에 들어서자 가이드는 리모콘으로 실내등을 모두 켜주었다. 조명 아래 드러난 독특한 분위기의 금빛 가득한 비잔틴 양식의 모자이크 장식들이 눈길을 끌고 베네딕토 성인의 생애와 관

**몬테카시노 대성당의 내부 모습**
몬테카시노 대성당 내부는 모두 파괴되었다가 재건되었다는 것이 믿기지 않을 정도로 화려한 이탈리아 남부 바로크 양식으로 치장되어 있다. 베네딕도회의 정신을 표현하는 거대한 현대화도 시선을 끈다.

## 베네딕도 성인과 스콜라스티카 성녀의 무덤

계단으로 올라가는 대성당 제대 뒤에는 베네딕도 성인과 스콜라스티카 성녀의 유해가 묘셔져 있다. 제2차 세계대전의 심한 공습때 포탄이 떨어졌음에도 터지지 않아 기적적으로 보존되었다고 한다.

련된 인상 깊은 프레스코화들이 눈에 띄었다. 왠지 익숙한 분위기가 느껴졌는데 설명을 들어보니 우리가 공부했던 독일 프라이부르크에서 멀지 않고, 내가 중요한 결정을 내리기 위해 피정을 했던 베네딕트보이어른 수도원Kloster Benediktbeuern의 수사들이 이곳까지 직접 방문해서 이 경당을 장식했다고 한다. 소위 '아르누보Art nouveau' 양식의 독특한 분위기가 경당을 가득 메우고 있었다.

그중에도 독특한 것은 여러 모양으로 그려진 천사들의 모습이었다. 내 아내가 왜 이렇게 천사들이 많이 장식되어 있냐고 묻자, 가이드는 '베네딕토 성인이 유일한 저서인『베네딕토 규칙서Regula Sancti Benedicti』를 집필할 때, 성인 옆에 천사들이 함께 기도하고 있는 모습을 여러 수사들이 보았다'는 일화를 알려 주었다. 수도회 창립자들은 바로 그들의 진지한 거룩함으로 많은 이에게 감명을 주었던 것 같다. 제대 쪽에는 베네딕토회의 영성을 대표하는 '기도하고 일하라Ora et Labora'라는 문구가 적혀 있었다.

지하 경당에서 특히 눈에 들어 온 것을 '몬테카시노 전투'에 참여했던 여러 나라 부대의 병사들이 복원을 위해 봉헌한 내용을 기념하는 모자이크들이었다. 어쩔 수 없이 전쟁에 참여하여 타인들을 죽이고 거룩한 수도원을 파괴했지만, 그것을 뉘우치면서 다시는 전쟁이 일어나서는 안 된다는 것을 염원하는 것처럼 느껴졌다.

지하 경당에서 나오자 가이드가 일반인은 들어가지 못하는 지하공간으로 문을 열고 우리를 안내했다. 여러 층에 해당하는 계단을 따라 아래로 내려가니 지금의 성당이 아니라 11세기부터 활용했던 본래 수도원의 경당이 나타났다. 이 경당은 베네딕토 성인이

**몬테카시노 수도원 재건에 기여한 국가의 교구들 장식**

지하경당의 한 기둥은 제2차 세계대전에 참여했던 국가의 군인들이 수도원의 완전한 파괴
를 안타까워 하며 재건을 지원한 것을 기념하는 의미로 장식되었다.

존경했던 성 마르티누스에게 봉헌된 것이었다. 다른 부분은 많이 파괴되었지만, 바닥의 기하학적 문양을 지닌 모자이크는 11세기 당시부터 존재했던 것이라고 한다. 경당의 제대는 1세기경의 로마 석관을 이용해서 만들어진 원본이라고 한다. 많은 장식이 남아 있지는 않았지만, 바로 이 바닥을 밟고 토마스가 수도원 경내를 다녔을 것이라는 생각에 작지만 깊은 감동이 밀려왔다.

바로 옆에는 베네딕토 성인 시절부터 존재했고, 그가 즐겨 기도했던 곳을 프레스코화로 아름답게 장식한 베네딕토 성인 경당이 나타났다. 기도를 통해 수도원을 건설하다가 다친 수사를 치유하는 모습과 수도원의 파괴를 현시로 보면서 슬퍼하는 모습, 스콜라스티카 성녀를 상징하는 비둘기를 바라보는 모습,『베네딕토 규칙서』를 집필할 때 천사들이 바라보는 모습 등 성인 생애의 여러 단계를 묘사한 인상적인 그림들이 벽면을 가득 메우고 있었다. 경당의 제대는 베네딕트보이어른의 수사들이 만든 독특한 형태의 조형물로 장식되어 있었다.

우리는 가이드를 따라 좁고 어두운 계단을 따라서 한 층 더 내려갔다. 가로막고 있던 철문을 열고 조금 더 내려가자 어두컴컴한 독특한 공간이 나타났다. 가이드의 말에 따르면 이 공간이 수도원의 가장 오래된 부분이라고 한다. 로마 시대 탑의 유적이 남아 있었는데 기원전 2세기에 건립된 것이었다. 그 탑에 연결된 아치 바로 위에 우리가 보았던 베네딕토 성인 경당이 자리잡고 있단다. 1244년 대규모 폭격이 시작되었을 때 수사들과 시민들이 수도원으로 피했는데, 1,000명 정도의 시민 중에서 400명 정도가 그 폭

**몬테카시노 수도원 지하에 위치한 성 마르티노 경당**

몬테카시노 수도원 지하에는 가이드를 따라서만 들어갈 수 있는 공간이 있다. 이곳에 두 개
의 경당이 존재하는데, 그 중에 성 마르티노 경당의 바닥에는 11세기경부터 존재하던 모자
이크가 남아 있다. 토마스도 이 바닥을 밟으면서 기도하러 이곳에 드나들었을 것이다. 그 옆
에는 베네딕도 성인의 생애를 아르누보 형식으로 장식한 경당도 존재한다.

격으로 사망했다. 그런데 수도원의 가장 깊은 이곳에 숨어 있던 사람들은 대부분 엄청난 폭격에도 목숨을 건졌다고 한다.

그 공간 한쪽에 베네딕토 성인의 조각상 밑에 독특한 모양의 다듬어지지 않은 바위가 눈에 띄었다. 바로 베네딕토 성인의 일화가 떠올랐는데 『수도 규칙서』를 작성할 무렵 성인이 바위 위로 넘어지는 일이 있었는데 소중한 오른팔이 넘어지다가 다칠까 봐 바위가 오히려 물러져서 자국이 남았다고 한다. 성인전에서 종종 나타나는 과장이 느껴졌지만, 그래도 중요한 책을 쓰려는 내 오른팔을 보호해 주시도록 팔을 넣어 보았다.

위쪽을 바라보니 제법 긴 계단으로 이루어진 복도가 나타났다. 특이한 것은 베네딕토 수도원을 여러 차례 재건하면서 발견된 로마 시대 유적들과 중세 시대의 유적들을 시기별로 분류하여 박물관처럼 장식한 것이었다. 그곳을 따라 올라가다가 뒤쪽을 바라보니 어두운 복도 끝에 커다란 문이 보였다. 그 문은 이 계단과 수도원의 가장 깊은 곳에 숨어 있던 수사와 시민들이 목숨을 건졌기 때문에 '평화'의 문이라고 불린단다. 수도원에 처음 올라올 때 보였던 문 위에 적혀 있던 커다란 'PAX', 즉 '평화'라는 단어의 깊은 의미를 새삼 깨달을 수 있었다.


몬테카시노 수도원으로부터의 추방


청소년기에 접어든 토마스 아퀴나스가 이렇게 평화로운 수도원에서 공부하던 기간은 황제군들이 들어와 수도원을 점령함으로써 끝나게 된다. 중세의 상당 기간 지속되었던 교황과 황제 사이의 다툼은 십자군 전쟁에 참여하라는 교황의 요청을 충실히 따르지 않았던 황제 프리드리히 2세가 두 번째 파문을 받은 1239년에 정점에 도달했다. 그는 이미 제5 십자군 원정에 군대를 파견하겠다는 약속을 지키지 못해서 교황에게 파문당한 적이 있었다. 그럼에도 그는 비종교적인 성향인 데다가 이슬람과 교류를 하고 있었고, 자신이 출병하게 되면 그 틈을 타 교황이 독일에서 세력을 넓힐 것이 뻔했기 때문에 계속해서 출병을 미루고 있었다. 물불 안 가리는 성격의 교황 그레고리오 9세(Gregorius IX, 1145~1241, 재위 1227~1241)는 출병하지 않으면 파문에 처하겠다고 협박했고, 어쩔 수 없이 프리드리히 2세는 제6차 십자군 원정을 떠났다. 프리드리히 2세는 시칠리아를 통치하고 있었기 때문에 이슬람의 문화와 언어에도 능통했다. 1229년 프리드리히는 이슬람 지도자에게 끊임없이 서신을 보내며 뜻을 전한 결과 엄청난 협상을 이끌어 냈다. 술탄 알 카밀은 과거에 부담이 되었던 이슬람 세력의 분열을 어느 정도 해결해서 유리한 입지에 있었음에도 프리드리히에게 설득되어 협상을 받아들였다. 합의된 내용은 이슬람 진영이 예루살렘을 십자군에게 양도하되 성묘교회Basilica of the Holy Sepulchre는 그리스도교인들에게, 그곳의 이슬람 사원은 무슬림에게 귀속되며 서유럽인들은 무슬림들을 건드리지 않는다는 것이었다. 프리드리히 2세는 이집트의 술탄과 직접 교섭하여, 즉 외교만으로 예루살렘과 나사렛과 베들레헴이라는 그리스도교의 3대 성지를 획

득하는 데 성공했다. 게다가 그리스도교와 이슬람 세력 사이에 10년으로 한정된 것이기는 하지만 불가침조약까지 체결했다. 이 기간 동안에는 그리스도교도에게만이 아니라 무슬림에게도 성지 순례가 자유롭게 허용되었다. 프리드리히 2세는 교황으로부터 성지를 탈환한 공로를 인정받아 1230년 7월 산 제르마노협약을 통해 파문으로부터 구제받았다. 이후 거의 10년 간은 교황과 황제는 적개심을 숨기고 화해하는 듯이 보였다. 토마스가 몬테카시노에서 '봉헌'된 삶을 살아간 것은 비교적 평화롭던 바로 이 10년간의 일이었다.

그러나 이탈리아 남부와 시칠리아를 둘러싼 영토 문제로 두 사람은 대립을 끝내지 않았고, 결국 1239년 교황이 다시 황제를 파문했다. 프리드리히 2세는 이번에는 순순히 따르지 않고 군대를 동원해 교황령을 위협했다. 파문에 분노한 황제는 요새로 쓰기 위해 군대를 보내 점령하고 있던 몬테카시노 수도원에서, 교황 측에 협조했던 수도원의 외국인 교사들을 모두 추방해 버렸다. 토마스가 수도원을 떠나 고향 로카세카로 돌아가는 계기가 바로 교황과 황제 사이에 벌어진 전쟁 때문이었다. 아마도 황제군의 점령이 없어서 토마스가 계속해서 이곳에서 생활했다면 부모님의 바람대로 베네딕토회의 수도원장이 됐을지도 모를 일이다. 오히려 그곳을 떠나 나폴리에서 도미니코회를 만남으로써 지금의 토마스 아퀴나스가 이루어진 셈이다. 토마스 자신의 말처럼 전쟁이라는 '악을 가지고 선을 만드는 것이 신의 권능'에 속할지라도, 그 악 때문에 목숨을 잃거나 엄청난 피해를 입는 개인들의 선은 어떻게 보상

될 수 있을까?

제2차 세계대전이라는 엄청난 역사적 광기의 결과가 유서 깊은 몬테카시노 수도원의 파괴를 불러왔고, 그것을 가까스로 막으려던 독일 장군의 노력도 수포로 돌아갔지만, 그 안에서도 희망의 싹은 보인다. 수도원으로 숨어든 시민들을 숨겨 주어 일부라도 목숨을 구하고, 수도원에 있던 소중한 장서와 유물들을 바티칸으로 피신시켜 새롭게 수도원을 재건할 근거를 마련한 이들의 혜안에서 희망을 찾는다.

이제 학업 중단이라는 악재를 넘어서 새로운 만남을 향해 나아가는 토마스 아퀴나스를 따라 나폴리 쪽으로 발길을 옮겨보자.

# 아리스토텔레스의 재발견과
# 나폴리대학

토마스 아퀴나스가 나폴리로 온 이유는 1239년 봄에 매우 오랜만에 재회한 토마스의 부모님이 지적으로 뛰어나게 성숙해진 아들의 학문적 재능을 아깝게 여겼기 때문이다. 당시는 이제 막 대학들이 생겨나던 때라 이미 상당 수준에 오른 토마스의 공부를 지속할 수 있는 가장 올바른 방법은 바로 대학에 진학시키는 일이었을 것이다. 그러나 어머니 테오도라는 대학들 사이의 학풍 차이는 전혀 알지 못했다. 아마도 단순히 가깝다는 이유로 토마스를 나폴리대학으로 다시 유학 보냈을 것이다. 그래서 토마스는 부모의 동의 아래 나폴리대학의 인문학부에서 공부를 시작했다.

토마스 아퀴나스가 1239년부터 1243년까지 4년 동안 공부했던 나폴리대학은 비슷한 시기에 생겨난 여러 대학과는 사뭇 다른 분위기였다. 중세 초기의 교육기관으로서는 수도원 학교, 주교좌성당 학교 그리고 왕실에 속한 궁중 학교 등이 있었고 12세기부터 부유한 상인 자녀들을 교육하기 위한 다수의 개인 학교들이 생겨났다. 이들 학교를 라틴어로 '스콜라schola'라고 불렀기 때문에,

9~15세기까지 중세철학을 주도했던 철학을 '스콜라철학'이라고 부른다. 대부분의 대학은 12세기까지 우후죽순처럼 설립되어 다양한 교육기관의 형태를 띠었으며, 1200년경부터 점차로 길드(장인 조합)와 유사하게 조직화되는 과정을 거쳐서 생겨났다. 13세기 초에는 파리, 볼로냐, 살레르노, 나폴리, 옥스퍼드 등에 유명한 대학이 설립되기 시작했다. 그 도시들에서 발전하기 시작한 대학은 거의 독립하여 외부의 간섭을 받지 않는 자치 단체로서, 국가나 지방 정부에 맞서서 자신의 특권을 유지하기 위해 종종 교황청 직속 대학으로 선포하고 교황의 정치적인 보호를 받았다. 이런 대학들과는 달리 나폴리대학은 토마스가 태어난 해인 1224년 신성로마제국 황제 프리드리히 2세가 세운 최초의 국립대학이었다. 당시 교황과 극렬하게 대립하고 있던 신성로마제국 황제는 파리, 볼로냐, 옥스퍼드 등의 교황청 직속 대학들이 학문적 성과와 함께 교황의 입장을 공식적으로 지지하거나 후원하는 모습에 적잖이 시기심을 느꼈을 것이다. 그래서 '황제에게 봉사할 수 있는 지성적이고 명민한 젊은이들을 키워 내는 것'을 목표로 나폴리대학을 세웠다. 당시 나폴리대학에는 우수한 인문학부가 있어서 7개의 교양과목과 철학을 연구하는 많은 학자가 있었다. 특히 이곳에서는 형이상학을 포함한 아리스토텔레스의 자연철학에 대한 연구가 활발히 이루어지고 있었다.

## 나폴리 대학의 아리스토텔레스 연구 지원

교황의 영향 아래 있는 대학들이 새롭게 발견된 아리스토텔레스 철학에 대해 강의 금지령을 내리자 정반대로 나폴리대학은 아리스토텔레스에 대한 연구를 적극적으로 지원했고, 이 대학은 짧은 시간 안에 아리스토텔레스 연구의 중심지로 떠올랐다. 아리스토텔레스의 『천계론』, 『영혼론』, 『동물론』 등과 아베로에스의 권위 있는 아랍 주해서들을 번역했던 미카엘 스코투스(Michael Scotus, 1175?~1232/1236?)가 황제 프리드리히 2세 휘하에서 번역 활동을 주도했다. 그러므로 이때 번역된 많은 책이 바로 활용될 수 있었다. 따라서 팔레르모, 살레르노, 나폴리 등지에는 아리스토텔레스의 학문, 아랍의 천문학, 그리스의 의학 등 다양한 학문이 북쪽 대학들에 소개되기도 전에 충분히 알려지고 연구되고 있었다. 당시 교황청의 지도하에 있던 파리대학 등 유럽의 중요대학에서 아리스토텔레스의 자연철학과 형이상학을 가르치는 것이 금지되어 있었던 반면에, 황제의 주도하에 있었던 나폴리대학에서는 이미 아리스토텔레스가 정식 교과목으로 채택되어 있었던 것이다. 따라서 토마스는 자신의 학문에 결정적인 영향을 미치게 될 철학자 아리스토텔레스와의 만남을 바로 그곳에서 시작할 수 있었다.

토마스와 거의 동시대인이었던 전기 작가이자 베네벤토의 도미니코회 총장이었던 토코의 윌리엄William of Tocco은 토마스가 마르티누스Martinus에게서 논리학과 문법학을, 페트루스 히베르니아(Petrus Hibernia, 아일랜드의 페트루스)에게서 자연철학을 배웠다고 말한다. 그런데 마르티누스에 대해서는 제대로 알려진 자료가 없다. 물론 토마스는 당시 인문학부의 가장 유명한 교수였고 여러 권의 아리스토텔레스 주해를 쓴 바 있는 페트루스 히베르니아로부터 아리스토텔레스에 대한 기본적인 지식을 얻었을 수도 있다. 그러나 토마스가 나폴리에 간 것은 신학을 공부하기 위해서가 아니라 우선 인문학과 철학을 공부하기 위해서였다. 그는 아직 신학 연구에 요구되는 자격을 갖추고 있지 못했기 때문에, 이곳에서 아마도 다른 학생들과 같이 논리학과 문법학 등의 본격적인 신학 공부를 위한 기초학문들을 집중적으로 배웠을 것이다. 당시 학문적이고 정치적이며 교회 중심의 흐름은 수도원과 수도원 학교로부터 도시와 대학으로 옮겨 오고 있었다. 토마스는 이미 아리스토텔레스가 주해되고 있던 나폴리대학에서 수학함으로써 자신이 살고 있던 시대의 중요한 학문적 흐름을 따르고 있었다.

## 나폴리대학 방문

나폴리도 유럽의 다른 대도시들처럼 워낙 큰 변화를 겪었기 때문에 중세 대학의 흔적을 찾기란 쉽지 않을 것을 예상했다. 그럼에도 나폴리에 도착해서 호텔에 여장을 푼 후 바로 시내로 나가서 나폴리대학을 찾아가 보았다. 현재 나폴리 시내에 있는 4개의 종합대학 가운데 역사나 규모 면에서 가장 주목할 만한 대학은 페데리코(프리드리히) 2세 나폴리종합대학교Università degli Studi di Napoli

Federico II이다. 시내 한복판에 위치하고 있기 때문에 대학을 찾아내는 것은 어렵지 않았다. 그렇지만 방문한 날이 주말이었기 때문에 대학의 대부분은 닫혀 있었고 학생들도 거의 눈에 띄지 않았다. 그저 나폴리대학교 예술학부에서 피타고라스 학파에 대한 작품을 발견한 것으로 만족해야 했다. 몇몇 분야의 자연과학 관련 박물관들은 열려 있었지만 방문의 큰 의미는 없었다. 불안한 마음을 가지고 나폴리대학을 찾아갔는데, 파리대학과 마찬가지로 수많은 변화를 겪은 이후라 뚜렷이 남아 있는 토마스의 흔적은 찾지 못했기 때문이다.

그럼에도 나폴리대학 방문에서 얻은 몇 가지 중요한 단서는 나폴리대학 뒤편에 나폴리 시내의 가장 번화한 시장과 음식점 골목이 모여 있고, 그곳을 통과하여 멀지 않은 곳에 '성 도메니코 마죠레San Domenico Maggiore' 성당이 있다는 것을 확인한 점이다. 더욱이 토마스가 방문했던 당시의 나폴리대학은 우리가 방문하고자 하는 '성 도메니코 마죠레' 성당에 위치했다고 기록에 나오기 때문에 그곳을 방문함으로써 두 마리 토끼를 모두 잡기로 했다.

### 페데리코 2세 나폴리 종합대학교

신성로마제국 황제 프리드리히 2세가 세운 최초의 국립대학이 바로 나폴리 대학이었다. 이 전통은 현재 페데리코 2세 나폴리 종합대학교가 이어받고 있다. 나폴리도 전통적인 대학 도시들과 마찬가지로 별도의 캠퍼스 없이 혼란스러운 시내에 다른 건물들과 뒤섞여 있다.

## 아리스토텔레스의 재발견과 강의 금지령

아리스토텔레스는 매우 박식한 학자답게 광범위한 분야에서 많은 저작을 남겼다. 그렇지만 신플라톤주의를 통해 지속적으로 존경을 받았던 스승 플라톤과는 달리 아리스토텔레스는 서구 세계에서 거의 잊히고 말았다. 거의 모든 학문 분야를 섭렵했던 아리스토텔레스의 저서들은 대부분 사라졌고, 스콜라 학자들에게는 12세기 초반까지 구舊논리학 Logica vetus이라고 불리는 보에티우스가 번역한 『범주론』과 『명제론』만이 알려져 있었다. 그 때문에 아리스토텔레스는 오랫동안 단지 논리학자로만 취급되었다.

그런데 그의 철학 사상은 완전히 잊히지 않고 아랍 철학자들에 의해 수용되어서 9세기부터 11세기까지 서유럽보다도 앞선 아랍 문화를 형성하는 데에 기초를 제공해 주었다. 아랍 철학자들은 종교적인 색채가 강한 플라톤보다 이성과 경험, 그리고 자연의 원리들에만 근거해서 자연현상들을 설명하는 아리스토텔레스에게 더 큰 관심을 보였고, 여러 형태의 주해서를 통해 그를 집중적으로 연구했다.

11세기부터 변증론이 발전하면서 12세기 최고의 일타강사였던 아벨라르두스 Abaelardus(1079~1142)의 제자들을 비롯하여 많은 학자가 호기심에 가득 차, 아리스토텔레스의 사라진 저서들을 찾기 시작했다. 그들이 원했던 책들을 주로 발견한 곳은 '재정복 운동Reconquista'을 통해 다시 그리스도교화된 스페인 중부, 이태리 남부와 시칠리아 지역 등이었다. 아랍 철학자들이 연구하던 아리스토텔레스 저서들과 그 주해서가 이곳에 남아 서구 학자들의 손에 들어오게 되었다. 아랍어와 그리스어에 능통했던 현지 학자들의 도움으로 금세 대규모 번역 운동이 벌어졌다. 대략 1120년경부터 1200년까지 아리스토텔레스의 작품 전체가 처음에는 아랍어로, 이어서 그리스어 원전으로 번역되어 소개됨으로써 서구 세계는 그리스도교 사상과 독립적이고 완성된 체계를 갖춘 아리스토텔레스의 철학과 직면하게 된다. 교회(톨레도의 라이문두스 대주교 등)와 국가(황제 프리드리히 2세)의 지원까지 더해져 번역의 속도는 더욱 빨라졌다. 중세사가들은 이러한 번역의 물결을 '아리스토텔레스의 재발견'이라고 부른다. 이 번역운동은 중세 서구인이 아리스토텔레스의 사상에 쉽게 접근하게 해주었고, 플라톤주의 일색이던 학문 풍토에 새로운 학풍을 태동시켰다.

이 시기에 아리스토텔레스를 수용하는 과정에서 다른 문화의 학문적인 텍스트를 받아들이는 경향은 더욱 뚜렷이 나타났다. 이슬람과 유대교 문화권으로부터 다양한 주석서가 소개되었다. 당시 신학자들도 파리대학 인문학부의 교수들처럼 처음에는 전혀 의문을 제기하지 않고 이슬람 문화권(특히 아비첸나, 주석가 아베로에스)에서 유래된 주석과 저작들을 당연하게 사용했다. 이 책들은 아리스토텔레스의 사상을 이해하기 위한 훌륭한 보조수단이었다. 그렇지만 일부 주제에 대해 그리스도교의 가르침과 합치될 수 없는 점을 내포했기 때문에 수용과정에서 긴장을 발생시켰다.

아리스토텔레스(라파엘로의 아테네 학당)
아리스토텔레스는 서구 사상에서 가장 박식했던 인물이지만, 고대 사회의 몰락 이후 오랜 시간 동안 서구에서는 잊혀지고 말았다. 12세기 아랍 문화를 통해서 역수입되면서 '철학자'라고 칭하면 그를 의미할 정도록 중요한 철학자로 복권되었다.

## 새로운 철학과 그리스도교 사이에 생겨난 긴장 관계

새롭게 소개된 그의 작품들은 우주론, 자연학, 인간학 및 신학의 영역에서 가장 중요한 질문들에 대해서 생소하지만 체계적이고 포괄적인 대답을 제시하고 있었다. 더욱이 이 대답들은 그리스도교 신앙과는 상관없이 오직 인간의 이성에만 의존하고 있었다. 그런데 금지령의 더욱 직접적인 원인은 신플라톤주의의 색채를 띤 『원인론』『아리스토텔레스의 신학』『신비론』 등의 신학 관련 저술들이 아리스토텔레스의 것으로 잘못 이해되었기 때문이었다. 본격적인 연구가 진행됨에 따라 아리스토텔레스의 사상 안에 그리스도교 신앙과 충돌을 일으키는 내용들이 포함되어 있다는 비판이 분명하게 제기되었다. 먼저 아리스토텔레스를 비롯한 고대 그리스 학자들은 형상의 부여와 이탈을 통해 물체들이 생겼다 사라지더라도 그 기본이 되는 질료만은 계속해서 지속된다고 생각했다. 즉 질료는 영원으로부터 존재했고, 영원히 존재하리라는 것이다. 이를 후대 학자들은 '세계의 영원성'이라고 불렀다. 그런데 이런 주장은 그리스도교의 창조 이론과 충돌을 일으켰다. 그리스도교에서는 절대자인 창조주가 '무로부터ex nihilo' 형상은 물론이고 질료를 창조

미켈란젤로의 〈천지창조〉
그리스도교의 창조이론은 절대자가 '무로부터' 자유롭게 형상, 질료, 시간 마저 동시에 창조했다고 가르쳤다. 이런 주장은 일부 고대 철학에 널리 퍼져 있던 세계 영원성 이론과는 충돌을 일으킬 요소를 내포하고 있었다.

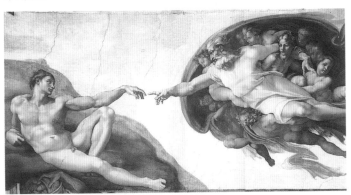

하면서 시간도 함께 시작했다고 가르쳤다. 이 가르침에 따르면, 창조 이전에 무언가가 이미 존재하고 있었다는 주장을 인정할 수 없었다.

두 번째로, 아랍 철학자들이 아리스토텔레스의 『영혼론』을 주해하는 과정에서 '단일지성론'이 등장했다. 아리스토텔레스는 자신의 '질료형상론'에 따라 "질료가 되는 육체와 형상이 되는 이성혼이 결합하여 인간을 이룬다"고 주장했다. 질료와 형상이 따로 분리되어 존재할 수 없다는 그의 이론에 따르면, 육체가 죽는 순간에 영혼을 포함해 인간은 모두 사라져버린다는 결론이 기대된다.

그런데 아리스토텔레스는 인간의 지성이 육체와 독립된 기능이라고 말함으로써 죽음 이후에도 존속될 가능성을 열어 놓았다. 이런 애매모호한 설명을 명확히 하기 위해 아랍 철학자들은 "한 인간이 죽게 되면 그 지성은 단일한 우주 지성으로 되돌아간다"라는 '지성의 단일성'을 주장했다. 만일 이 결론을 받아들이게 되면, 보상이나 처벌을 받을 개별적인 인간이 남아 있지 않게 된다. 그럴 경우 그리스도교의 최후 심판과 인간의 구원 전체를 뒤흔들 수도 있었다.

세 번째는 자연과학적인 성찰을 강조했던 아리스토텔레스가 자연법칙의 필연성을 강조한 것이 문제가 되었다. 자연법칙이 절대적이라면 성서에서 언급된 기적과 같은 예외는 일어날 수 없으므로 신의 섭리가 위협받을 수 있었다.

코르도바 성 바깥에 위치한 아베로에스 조각상
코르도바의 대법관을 지낸 아베로에스(이븐 루쉬드)는 아리스토텔레스 주석가로 명성을 떨쳤다. 그는 이슬람 문화권에서는 보수적인 신학자들에 의해서 배척되었지만, 그의 주해서들이 라틴어로 번역되어 서구에 소개됨으로써 많은 추종자들이 생겨났다. 라틴아베로에스주의라고 불린 학문적 경향은 아베로에스에 따라 아리스토텔레스를 '지혜의 화신'으로 존경했다.

## 아리스토텔레스 강의 금지령

이런 이유들 때문에 결국 1210년 파리 종교 회의에서, 그리고 1215년에는 파리대학 학칙에서 아리스토텔레스 강의 금지령이 내려졌다(금지령; 형이상학과 자연학에 대한 아리스토텔레스의 저서를 공적으로나 사적으로 가르치는 것을 금한다). 아리스토텔레스의 저서들은 대학에서 다양하게 활용되었을 뿐 아니라 12세기부터 새롭게 번역 소개되면서 선풍적인 인기를 끌었기 때문에 이 금지령은 매우 충격적이었다.

그러나 이 금지령이 아리스토텔레스 저서의 소유나 연구를 금지한 것은 아니었다. 대학 교수들은 비판하기 위해서라도 자유롭게 그 저서들을 읽고 연구할 수 있었다. 단지 아직 비판적인 사고능력을 갖추지 못한 학생들에게 직접적인 영향을 미치는 것을 막기 위해 강의를 금지했을 뿐이었다.

그러나 종교회의와 학칙의 권위에 의해 일방적으로 내려진 이 금지령만으로 아리스토텔레스의 사상이 확산되는 것을 막을 수는 없었다. 이후에도 금지령은 여러 차례 반복되었는데, 이 사실은 역으로 금지령이 제대로 효력을 발생하지 못했다는 사실을 보여 준다. 이 과정에서 몇몇 선구적인 학자들은 아리스토텔레스 저서 안에는 그리스도교에 부합하는 내용이 더 많으므로 교회를 위해서도 이를 적극 활용해야 한다고 주장했다. 결국 1231년에는 교황 그레고리우스 9세가 '신학위원회에서 아리스토텔레스 저서에서 위험한 부분을 수정 또는 제거할 때까지만'이라는 단서를 달고 금지령을 계속 유지했다. 그렇지만 많은 학자는 이 조치를 그 책들이 근본적으로 틀린 것은 아니라는 의미로 받아들였고 더 큰 호기심을 가지게 되었다. 더욱이 금지령의 직접적인 영향권에 있던 파리대학과는 달리, 그와 경쟁 관계에 있던 툴루즈대학과 영국의 대학들, 또한 황제가 세운 나폴리대학 등에서는 아리스토텔레스의 자연학에 대한 연구가 계속되었다. 1255년 3월 19일에 파리대학 인문학부의 새로운 학사 규정이 발효되었는데, 이 규정은 그때까지 알려진 아리스토텔레스의 모든 작품을 수업에 사용하는 것을 허가하는 것이었다. 이처럼 아리스토텔레스의 사상은 결국 그리스도교 보수주의자들의 장벽을 뛰어넘었다. 이때부터 20여 년 동안 중세철학과 신학은 그야말로 황금기를 구가했다. 신학 분야에서는 아우구스티누스가 여전히 위대한 스승으로 인정받았지만, 다른 학문 분야에서는 아리스토텔레스만이 단연코 '철학자philosophus'라고 불릴 수 있었다. 그는 논증과 토론을 위한 최선의 안내자일 뿐만 아니라 모든 학자의 최고 스승이었다.

# 도미니코회 입회

토마스는 대학에서 활발히 강의되던 아리스토텔레스뿐만 아니라 일생의 방향을 더욱 근본적으로 바꿀 또 하나의 중요한 만남을 나폴리에서 갖게 된다. 나폴리대학으로 강의를 들으러 가던 토마스는 복잡한 시장 옆 광장에 많은 사람이 몰려 있는 모습을 발견했다. 길거리에서 상품을 선전하는 것이겠거니 하고 지나치던 토마스의 귀에 익숙한 성서 구절이 들려왔다. "행복하여라, 마음이 가난한 사람들(…)" 관심을 가지고 고개를 돌린 토마스가 그 말이 들려오는 곳을 바라보았을 때 그곳에는 소박한 옷을 입고 있었지만 눈빛이 형형한 사람이 대중들을 상대로 그리스도교 복음에 관한 설교를 하고 있었다.

"아, 이분의 설교는 대학의 교수님 강의에 못지않은 수준과 힘을 지니고 있구나" 하고 감탄한 토마스는 설교를 끝낸 그를 뒤따라갔다. 그 설교자가 도착한 곳에는 그와 같은 옷을 입은 수도자들이 함께 기도하고 소박한 음식을 나누며 공동생활을 하고 있었다. 이들이 바로 13세기 초, 대학의 등장과 거의 같은 시기에 새로 설립된 탁발수도회 중 하나인 도미니코회의 수도사들이었다.


## 탁발수도회의 탄생과 의미


전통적으로 수도원들은 대개 기도와 명상을 위해 시골에 세워졌다. 예를 들어 베네딕도 수도회는 거대한 영지를 가지고 있었고, 수도원 학교도 운영하면서 부유하게 발전해 나갔다. 개혁수도회인 시토회도 비록 아무런 희사도 받지 않았지만, 수도자들이 자급자족으로 열심히 일하면서 부가 축적되었다. 반면 의도적으로 부와 명예에 대한 소유를 포기하며, 아무런 재산도 가지지 않고 오직 동냥과 희사에 의지하는 수도회가 13세기 초에 생겨났다. 이러한 탁발수도회에는 프란치스코회와 도미니코회 등이 속했다.

그렇다면 왜 이러한 수도회가 생겨났을까? 12세기 즈음, 교회가 부유해지면서 성직자들이 사치를 부리기 시작했다. 성직자들은 가난과 이웃 사랑에 대해 설교했지만 일부 성직자들은 귀족처럼 떵떵거리며 살고 있었다. 그러자 평신도를 중심으로 이렇게 언행일치가 안 되는 성직자들을 비판하는 운동이 일어났다.

먼저 발데스(Petrus Valdes, 1218년 이전 사망)라는 사람이 세운 발데스파가 있었다. 평신도였지만 지적으로 굉장히 뛰어났던 발데스는 성서를 읽다가 자극을 받아 자신의 전 재산을 나누고 복음이 어떤 의미인지 설교하며 돌아다녔다. 당시 설교에 대한 권한을 지니고 있던 주교와 예외적으로 권한을 위임받던 사제들은 설교하는 평신도를 용납할 수 없었다. 그렇지만 발데스는 끝까지 설교하는 일을 포기하지 않았고, 결국 단죄되었다.

그런데 이러한 움직임이 점차 과격해지기 시작하면서 성직자들의 부를 비판하는 움직임은 카타리파Catharism로 옮겨갔다. 하지만 카타리파는 성직자들을 비판하는 과정에서 선과 악의 극단적인 이원론을 주장했던 마니교와 유사한 사고 틀을 지니게 된다. 이들은 종종 그 활동 중심지였던 툴루즈 근처의 알비Albi라는 지명에 따라 '알비파'라고도 불렸다. 이미 동방에서 한 차례 유행한 적이 있던 보고밀파Bogomilism와도 유사한 경향을 지니고 있었다.

이런 경향들이 널리 퍼져 나가면서 기존 교회의 성직 제도를 부정하며 자체적인 교계제도 등을 건설하려 하자, 교황들은 발데스파와 카타리파를 개종시키기 위해서 많은 특사를 파견했다. 그렇지만 특사들의 청산유수처럼 멋진 설교로도 사람들의 마음을 움직이는 데 실패했다. 설교하러 온 교황 특사들이 귀금속과 화려한 의상으로 치장하고, "여러분, 마음이 가난한 사람은 행복합니다."라고 말하니 사람들이 믿을 수 없었던 것이다. 그래서 도미니코(St. Dominicus, Domingo 1170~1221)는 이들을 다시 교회의 품으로 받아들이고자 실제로 가난한 생활을 하면서 참된 교리를 설교하기 위해 철저하게 공부하는 수도회를 창설했다. 교황은 이들에게 '설교자들의 수도회Ordo Praedicatorum'라는 공식 직함을 부여하고 주교에게 제한되어 있던 설교의 권한까지 주었다. 이런 필요에 부응하여 거대한 농토와 같은 재산을 소유하지 않고 구걸을 통해 생계를 해결하는 탁발수도회가 생겨난 것이다. 도미니코회는 성 아우구스티누스의 '규칙'을 따라 살면서, 사도적 설교라는 특수한 목적에 필수적으로 요구되는 '신적 진리에 대한 근면한 탐구'라는 한 가지 소명을 추가했다. 도미니코회원들은 고등 교육에 부여하고 있는 비중이 크기 때문에, 전통적인 수도원과 달리 자신이 속한 수도원에 머물겠다는 정주定住, stabilitas 서원은 하지 않았다.

도미니코는 새롭게 창설된 설교자들의 수도회원들과 함께 알비파의 이단을 막기 위해 훌륭한 설교들을 통해 이들을 다시 교회로 돌아오게 하기 위해 최선의 노력을 기울였다. 그러나 교황의 특사가 살해되는 일이 벌어지자 더 이상 평화적인 설교를 통해서가 아니라 무력으로 이들을 제압하려는 경향이 강해졌다. 교황은 프랑스 국왕을 통해서 알비파를 강제로 해산시키려 했지만, 프랑스로부터의 간섭을 꺼려하던 툴루즈 근처의 영주들은 오히려 암암리에 알비파를 후원하고 있었다. 결국 성지 예루살렘에서의 십자군이 지속적으로 실패하여 위상이 추락했던 교황은 알비파 이단을 거슬러서 싸우는 것도 이교도들을 극복하기 위한 것이기 때문에 똑같은 효과를 지닌다고 주장하면서 '알비파 십자군'을 모집했다. 많은 영주가 보다 수월하게 참여할 수 있는 알비파 십자군에 가담했고, 툴루즈 근처 영주들과의 전투에서 결국 승리를 거두게 된다.

이런 도미니코회 초기 역사를 생생하게 체험하기 위해, 토마스의 무덤을 방문하기 위해 툴루즈에 들렀을 때 별도로 그 인근에 있던 도시 알비를 방문했다.

# 알비 성체칠리아 대성당 방문

툴루즈에서 동쪽으로 차로 한 시간 가량 달린 후, 알비파의 중심지였던 도시 알비에 도착했다. 멀리서부터 눈에 들어오는 알비 대성당으로 다가가면서 받은 인상으로는 사전 지식이 없었다면 이 건물을 보고 대성당이라고 추측하지도 못했을 것 같다. 벽돌을 사용하여 성채 모양으로 지어진 남부 고딕 양식이라는 것을 알고 있었고, 다른 성당들도 본 적이 있었지만, 이 성당은 아예 거대한 성당의 중간까지 전혀 창이 없고, 윗부분에도 기다란 창槍 모양의 란세트 창窓이 전부였다. 더욱이 성탑은 어마어마한 요새에나 어울릴 엄청난 굵기를 지닌 원형 기둥이 떠받치고 있었다. 남쪽에 있는 입구도 또한 바깥으로 돌출되어 고딕식 문양으로 화려하게 장식되어 있지만, 그곳으로 올라가기 위해서 제법 높은 계단을 올라가야 하는 등, 전체적으로 성채로 들어가는 느낌을 지울 수 없었다.

성당의 가장 독특한 특징은 현재의 주된 제대가 다른 성당들처럼 동쪽이 아니라 서쪽에 놓여 있다는 것이었다. 그 이유를 바로 알 수 있었는데, 본래 있었던 동쪽 제대와 어마어마하게 큰 성가대석은 박물관이 되어 별도로 입장료를 내고 입장해야 했다. 매우 상세한 오디오 가이드도 준비되어 있어서 이곳 성당의 특징적인 모습을 체험할 수도 있었다.

우선 과거에 성가대석과 일반 회중석을 구분하는 성단 칸막이 Lettner가 눈에 들어왔다. 이 칸막이를 발주한 추기경의 야심 찬 계

**알비 성체칠리아 대성당 전경**
알비파의 주된 활동 장소였던 알비에는 벽돌을 사용하여 성체 모양으로 지어진 남부 고딕
양식의 대성당이 우뚝 서 있다. 알비파에게 교회의 권위를 인식시키려는 의도가 숨어 있는
듯 하다.

획에 따라 돌로 만들어진 벽 전체가 전성기 고딕 양식의 조각들로 가득 채워져 있었다. 일부 조각상들은 프랑스 대혁명 이후 파괴되어 빈자리로 남아 있었지만, 남아 있는 부분들만으로도 그 화려함은 충분히 느낄 수 있었다. 통상적으로 제2차 바티칸 공의회 이후에 전례 장벽은 모두 철거하는 경향이 있지만, 아마도 이 성당에서는 그 문화재적 중요성을 고려해서 그대로 보존했을 것이다. 박물관으로 꾸며져 있는 동쪽 성가대석을 보기 위해서는 표를 보이고 그 벽 안으로 들어가야 했다.

우선 바깥 회랑에는 중요한 구약의 예언자 요나, 나훔, 에즈라, 유디트, 욥 등이 등장하고 이사야, 예레미야 등의 대 예언자에 이르기까지 모두 고딕식으로 조각되어 있는 것이 눈에 띄었다. 또한 순례 회랑 전체를 따라서 여러 경당이 배치되어 있었다. 화려한 벽화로 장식된 카타리나 성녀에게 봉헌된 경당, 세례 요한 경당, 콘스탄티누스의 승리와 헬레나의 순례를 묘사한 벽화로 가득 차있는 경당, 아름다운 색유리창으로 장식된 경당들이 부챗살 모양으로 펼쳐져 있었다. 이 성당의 가장 동쪽 끝인 중심축의 경당에는 아기 예수를 안고 있는 성모상과 함께 주보 성인인 성녀 체칠리아를 묘사한 경당이 자리 잡고 있었다. 성모님의 잉태와 성모 승천을 묘사한 아름다운 벽화 위에는 주보성인 체칠리아의 활동과 순교 장면이 극적으로 표현되어 있었다. 경당의 맞은편에는 구약 예언의 정점으로 세례자 요한의 아버지 즈카리야와 예수의 탄생을 기뻐했던 시메온이 생동감 넘치는 고딕 조각상으로 새겨져 있었다.

**알비 대성당 내부의 서쪽 측면**

알비 대성당은 일반 성당과 달리 주된 제대가 동쪽이 아니라 서쪽을 향하고 있다. 밖에서 보이는 거대한 원형탑의 하부 기둥은 다양한 죄를 저지른 이들이 당하는 고통을 적나라하게 묘사한 최후 심판의 모습이 장식하고 있다.

매우 긴 회랑을 거쳐서 성가대석 중앙으로 들어가는 입구에는 한쪽에 콘스탄티누스 대제, 다른 쪽에 샤를 마뉴(카를 대제)의 조각상이 가장 높은 곳을 차지하고 있어서 프랑스 국왕의 두 모범으로 제시되어 있다. 다른 성당들과 달리 안에 들어와서도 편안하게 중앙 제대와 성가대석을 오가면서 구경하고 촬영할 수 있었다.

성가대석 위에는 하늘을 상징하는 파란색과 신의 계시를 나타내는 빨간색 그리고 신의 영광을 나타내는 금색으로 화려하게 벽이 장식되어 있었다. 각 자리 위에는 다양한 천사들이 각각의 고유한 역할을 하는 모습으로 조각되어 있었다. 무지갯빛의 아름다운 날개를 지닌 천사들은 모두 부제복인 달마티카를 입고 있어서 신에게 봉사하는 직무를 맡고 있음을 간접적으로 보여 주었다. 파란색으로 칠해진 천장은 천상의 예루살렘을 상징하기 위해 4복음사가福音史家의 상징들인 사람, 사자, 소, 독수리 등이 그려져 있다.

알비 대성당의 서쪽으로 걸어 나오면 현재 사용하고 있는 제대 양옆으로 밖에서 볼 때 큰 성곽 기둥 같았던 둥근 기둥의 기초 전체에 최후 심판에 대한 거대한 그림이 그려져 있었다. 위쪽에는 천상 예루살렘에서 구원받을 이들이 그려져 있고, 아래에는 7죄종七罪宗을 기준으로 해서 나태함을 제외한 6가지의 죄들이 아주 선명하게 그려져 있었다. 그 위에는 파이프 오르간이 위치해서 독특한 분위기를 자아내고 있었다. 성당의 북쪽 측면 경당에는 체칠리아 성녀의 순교 모습을 생생하게 묘사한 옥색 빛의 옷을 입은 색채 조각이 시선을 끌었다. 본래 로마에 있는 원본 조각상을 모방하여 세 차례나 칼로 내리쳐도 죽지 않았던 성녀의 마지막 모습

**알비 대성당의 동쪽 성가대석을 장식하고 있는 천사상들**

지금은 박물관으로 사용되고 있는 알비 대성당의 동쪽 성가대석은 프랑스 국왕의 권위를 드
러내려는 의도로 매우 화려하게 장식되어 있다. 부제복을 입은 모습으로 묘사된 천사들의
다양한 포즈와 맡은 기능이 방문자의 눈길을 끈다.

도미니코회 입회

107

을 묘사해 놓은 것이라고 한다.

조금은 과장되어 보이는 최후 심판에 대한 거대한 벽화나 성채와 같은 성당의 외형은 마치 알비파 십자군의 슬픈 역사를 반증하듯이 보여 주고 있었다. 소위 이단으로 판정된 알비파를 무력으로 진압한 이후에 교회의 권위를 보여주기 위해서 시민들 위에 군림하는 형태로 건물을 완성시켰고, 이에 더해서 최후 심판 때의 두려움을 강조함으로써 순종하도록 교육하고자 했을 것이다. 조금은 과장되어 보이는 화려한 전례 칸막이도 유사한 효과를 기대했을 것이다. 알비 시에 살던 알비파들이 모두 진압된 이후에도 자신의 신앙을 지키려던 나머지 알비파 신자들은 카르카손Carcassonne을 비롯해서 여러 성곽으로 흩어져 마지막까지 항쟁하다 결국 1247년경에 모두 사라지고 말았다. 신앙의 정통성을 지키려는 노력의 필요성을 부정하지 않는다고 해도 이것이 무력을 통해서 강요되었다는 사실이 계속해서 내 마음을 어둡게 만들었다. 뛰어난 건축과 화려한 예술품은 방문객의 관심을 끌기에 충분히 아름다웠지만 그것들에 담긴 슬픈 역사를 돌아보자면, 그저 편하게 즐기고만 있을 수는 없었다. 도미니코 성인은 믿음에 대한 차이를 무력을 사용하여 강요하고 강제로 개종시키는 것에 대해 처음부터 반대했지만, 악화된 정치 상황 속에서 그의 반대는 별반 효과를 가져오지 못했다. 도대체 이 중요한 의견 차이들은 어떻게 극복될 수 있을까? 그것이 토마스 생애의 주요 장소들을 따라 순례하면서 찾아야 하는 중요한 화두 중 하나가 되었다.

## 토마스의 도미니코회 입회

토마스는 나폴리에서 만난 도미니코회 수사들의 청빈한 생활, 성서에 대한 해박한 지식, 복음을 선포하기 위한 열정 등에 깊은 감명을 받고 그 수도회에 입회하기를 원했다. 다른 대학도시들, 즉 파리, 볼로냐에서와 같이 나폴리에서도 교수나 학생들이 탁발 수도회에 들어가는 일은 자주 벌어졌다. 나폴리의 산 도메니코San Domenico 수도원의 수사들은 처음에는 몸집이 비대하고 부유해 보이는 토마스에게 관심을 보이지 않았지만, 그와의 대화를 통해 그가 지니고 있는 열정과 지성의 능력을 새롭게 발견했다. 결국 1244년 4월 말에, 토마스는 19세의 나이로 도미니코회 청원자로 받아들여졌다. 이로써 토마스는 베네딕토회의 대수도원장이 되기를 바라는 가족들의 계획에 명시적으로 반기를 들었다. 당시 귀족 자제인 토마스가 복음과 청빈, 무소유와 학문적 혁명을 구가하던 도미니코회에 들어간다는 것은 파격적인 일이었다.

토마스가 입회한 뒤 얼마 지나지 않아서 도미니코회의 2대 총장 빌데스하우젠의 요한이 나폴리 공동체를 방문했다. 요한 총장은 곧바로 토마스가 지니고 있는 뛰어난 재능과 가능성을 발견했다. 그러나 총장이 보기에, 아리스토텔레스에 관한 여러 해석이 충분한 숙고를 거치지 못한 채 난무하고 있고, 제대로 된 신학부가 없는 나폴리대학은 토마스가 교육받기에 적합한 장소가 되지 못했다. 따라서 총장은 토마스에게 당시 신학의 중심지인 파리대학으로 가서 공부를 계속할 것을 명령했다. 이를 위해 토마스는 로마와 볼로냐를 거쳐 파리로 가기 위해 길을 떠났다.


## 파리대학을 향해 떠난 어려운 여정

그때까지 도미니코회에 입회했다는 사실조차 알리지 않았던 토마스는 어쩔 수 없이 자신이 파리로 떠나게 되었다는 사실을 가족들에게 전했다. 아들이 고위 성직자나 부유한 수도원장이 되기를 바랐던 토마스의 어머니 테오도라는 그가 탁발수도회인 도미니코회에 들어갔다는 사실을 알게 되자 크게 실망했다. 그녀는 곧바로 기사인 형들을 보내서 토마스를 납치했다. 그러나 형들은 토마스가 워낙 완강히 거부하자 그를 집으로 바로 데려오지 못하고 자기 집안의 영지에 속한 탑에 감금했다. 형들의 모든 설득이 실패로 돌아가자, 부하들은 꾀를 내어 토마스를 유혹하기 위해 아름다운 여인을 데려왔다. 정결을 서약하는 수도자가 여인과 관계를 맺게 된다면 도미니코회에 입회하려는 결심도 포기할 것으로 생각했기 때문이다. 그러나 여인이 달콤한 향기를 풍기며 방 안으로 들어오는 것을 본 토마스는 중요한 결정 이전에 흔히 나타난다는 '사탄의 유혹'이라 여기고 주변에 있던 횃불을 들어 여인을 쫓아냈다.

**성 토마스 아퀴나스의 유혹 장면**

몬테 산 지오반니 성에서 형들이 토마스 아퀴나스의 도미니코회 입회를 막기 위해 설득했지만 실패하고 말았다. 그의 부하들이 토마스의 마음을 돌리기 위해 아름다운 여인을 들여 보내 유혹했지만 토마스는 횃불을 들고 강하게 몰아내었다.

# 몬테 산 지오반니 캄파노에 있는 두칼레성

이 유명한 일화가 벌어진 장소는 여러 책에서 토마스의 출생지인 로카세카성으로 잘못 알려져 있다. 토마스 연구자인 나도 로카세카가 아닌 것은 알고 있어도, 막연히 영지에 속한 탑 정도로 생각하고 있었다. 그런데 이번 여행을 준비하며 찾아보니 분명하게 구체적인 장소명이 언급되어 있었다. 그곳이 바로 몬테 산 지오반니 캄파노Monte San Giovanni Campano에 있는 두칼레성Palazzo Ducale이었다.

이 성을 방문하기 위해 로마를 떠나서 동남쪽으로 100Km 정도를 달려가자 호젓한 산 위에 마을이 나타났다. 내비게이션에 따라서 그 동네의 정상까지 올라가니 주변 마을과 산들이 한눈에 바라보이는 놀라운 풍광이 나타났다. 따뜻한 햇볕 아래서 감탄하는 시간이 지난 뒤 본격적으로 성에 들어가기 위한 방법을 찾기 시작했다. 긴 성의 벽을 따라 걷다가 발견한 교회의 문에는 윗부분에 토마스 아퀴나스의 초상화가 그려져 있어 희망차게 열어보았지만, 굳게 닫혀 있었다. 성의 담을 따라 한참 걷자 나타난 정원으로 들어가는 철문도 닫혀 있었다. 그 안에는 레스토랑도 있다고 나와 있었지만, 아무래도 비수기라 찾아오는 관광객들이 없어서인지 모든 곳이 닫혀 있는 듯했다. 여러 입구를 기웃거리다 반신반의하며 밀어 본 한 철문이 삐걱하며 열렸다. 아무런 인기척도 없어서 돌문을 통과해서 정원 안으로 들어서자 정갈하게 잘 다듬어진 돌길이 펼쳐진다. 걸어 들어가면서 매우 깊은 우물을 지나 길 끝에

**몬테 산 지오반니 성의 서쪽 탑**

이 탑의 2층에는 아퀴노 가문의 영주가 이곳을 방문했을 때 머물던 방이 잘 보존되어 있다.

그 내부에는 토마스 아퀴나스의 부모님을 묘사한 초상화도 전시되어 있었다.

이르자 커다란 탑 앞에 작은 경당 모습의 건물이 나타났다. 다행히 1층에는 토마스 아퀴나스의 부조가 눈에 띄는 제대가 있었지만, 그 이외에는 모두 닫혀 있어서 다른 것은 발견할 수 없었다. 그렇지만 성의 테라스를 따라 걸으며 기가 막힌 정경을 한껏 감상할 수 있었다. 아래를 내려다보니 이 두칼레성은 절벽 위에 세워진 천혜의 요새여서 아래쪽에서 이곳을 공격하기란 매우 어려웠을 것이라는 생각이 들었다. 정원 안으로 들어가 반대편에 있는 탑과 건물 쪽으로 걸어가 보았지만 그 안으로 들어가는 철문들은 마찬가지로 굳게 닫혀 있었다.

들어갈 수 있는 방법을 찾기 위해 방향을 틀어 레스토랑으로 들어가자 그 앞에 차가 서 있고 문은 열려 있었지만 아무도 눈에 들어오지 않았다. 레스토랑은—토마스와는 전혀 상관없이—유럽인들이 꿈꾸는 이탈리아에서의 결혼식에 적합하도록 귀족들의 연회장처럼 꾸며져 있었다. 레스토랑 종사자가 있으리라 기대하며 여러 차례 소리쳐 부르니 드디어 한 사람이 나타났다. 영어와 독일어 모두 통하지 않는 상황, 두 달간 급하게 공부한 이탈리아어로 내가 방문한 이유를 설명했다. 이곳이 성 토마스 아퀴나스가 유혹을 받은 곳이라는 기록이 있어서 그곳을 방문하고 촬영하기 위해 한국에서 왔다고 알렸다. 단호한 거절이 나올까 봐 두려워했는데, 자신은 그냥 직원이고 열쇠가 없어서 주인에게 물어봐야 하는데 주인이 어디 있는지 자기도 모른다는 것이다. 그러더니 전화를 하는데 한참 후에 자신이 잠시 다녀오겠다고 했다. 우리는 레스토랑의 직원이 차를 타고 떠난 뒤, 제대로 의사소통이 된 것인

**몬테 산 지오반니 성에서 내려다 본 평원의 모습**

이 성도 토마스가 탄생한 로카세카 성과 마찬가지로 아래 평원에서 일어나는 일을 직접 확인할 수 있는 천혜의 요새에 자리잡고 있다. 더욱이 성벽 밑이 깎아지른 듯한 절벽이라 요새로서는 로카세카 성보다도 더 적합해 보일 정도였다.

지 의아해하면서 불안해하고 있는데, 드디어 그 직원이 열쇠 꾸러미를 가지고 나타났다. 마을 아래까지 내려가서 주인에게 열쇠를 받아온 것이다. 아니 이렇게 고마울 수가!

그러더니 몇 중으로 잠겨 있는 교회 쪽 철문과 경당 문을 열어서 우리를 경당 쪽으로 안내했다. 굳게 닫힌 철문을 열고 안쪽으로 깊이 걸어 들어가 2층으로 올라가니, 토마스 아퀴나스가 감금되어 있던 곳이 나타났다. 그 직원은 엄청나게 많은 열쇠를 일일이 시험해 보고 나서야 문을 열 수 있었다. 잠시 기다리는 동안 혹시라도 문이 열리지 않으면 어쩌나 불안하기도 했다. 몇 분 후 드디어 문이 열리고 우리는 안으로 들어갈 수 있었다. 토마스 아퀴나스가 감금되어 있었다는 방은 복도처럼 긴 형태로 끝에 제대가 있는 경당 형태로 꾸며져 있었다. 아, 그 유명한 토마스의 감금과 유혹이 벌어진 현장에 직접 들어와 있을 수 있다니. 곳곳에는 그때 당시의 일화를 그린 그림이 걸려 있었다. 입구에는 이 일화에 대해서 아름다운 장식 안에 상세한 설명을 덧붙여 놓았다. 우리는 큰 감동을 받으면서 그 작은 탑의 곳곳을 둘러보고 사진을 찍었다.

그런데 그 직원은 다른 쪽문을 열려다 안 되니 반대쪽으로 우리를 안내했다. 그 경당 밑에는 아치가 떠받치고 있는 커다란 공간이 나타났다. 그 공간 전체를 보수하는 중이어서 여러 장비들이 널부러져 있어 뒤숭숭한 분위기였지만, 토마스를 납치한 형과 그의 부하들이 이곳에서 모여 토마스를 감시하면서 어떻게 설득할지를 논의했을 만한 '범죄 모의의 현장'을 발견한 듯한 짜릿함도

**몬테 산 지오반니 성의 동쪽 건물에 마련 토마스 아퀴나스의 경당**

토마스의 형들이 토마스가 파리로 가는 것을 막기 위해 납치했을 때 토마스의 저항이 너무 심해서 임시로 이곳에 가두었다고 전해진다. 토마스는 자신을 유혹하려는 여인을 횃불을 들고 내쫓아서 자신의 굳은 결심을 드러냈다. 그 사건에 대한 상세한 묘사와 설명이 전시되어 있다.

느껴졌다. 오히려 제대로 수리되지 않고 남아 있는 벽과 아치가 800년 전의 사건을 훨씬 더 가까이 느낄 수 있게 해주었다. 솔직히 그냥 토마스의 굳은 결심을 강조하기 위해 유혹에 대한 사건이 삽입된 것이 아닌가 하는 의심도 가지고 있었는데 실제로 그 현장에 와 있으니 그 사건에 대한 진정성이 느껴지며 진한 감동이 몰려왔다. 자신이 옳다고 생각하는 일을 위해서는 가족의 반대에도 이를 설득하고 이해시켜야 했던 갈등을 경험한 사람들이 위로를 받을 만한 곳이라는 생각도 들었다.

우리만을 위해서 기다리고 있는 직원을 위해 서둘러서 사진을 찍고 나왔더니 이번에는 반대편으로 그가 우리를 안내했다. 우리가 처음에 보았던 경당에서 이층으로 올라가는 문을 열어 주더니 올라가도록 허락해 주었다. 잘 꾸며진 방 안에는 토마스가 유혹받고 있는 장면을 그린 다른 유화가 벽에 걸려 있었다. 고풍스러운 책장 안에는 매우 오래되어 보이는 책들도 꽂혀 있었다. 방 안에 있는 좁은 나무 계단을 따라 함께 올라가 보니 그곳에는 중앙에 있는 큰 거울을 사이에 두고 토마스의 아버지 란돌포와 이 납치 사건을 주도했던 어머니 테오도라의 초상화가 걸려 있었다. 책에는 아퀴노 백작의 영지에 속하는 탑에 가두었다고만 나와 있었는데 그 초상화까지 걸려 있는 것을 보니 한 가정의 비밀 속으로 들어와 있는 느낌도 받았다. 특히 처음 보는 토마스 어머니 테오도라는 매우 강인하고 자기 확신에 찬 모습이어서 토마스를 1년 넘게 집에 감금하기도 했지만, 아들에게 굳은 학문적 인내심을 유전적으로 물려 주었을 것이라고 상상해 볼 수 있었다.

**몬테 산 지오반니 성의 아퀴노 가문 거실**

토마스 아퀴나스의 납치 당시 모습은 아니겠지만, 서쪽 탑의 2층에는 토마스의 아버지 란돌
포와 어머니 테오도라의 초상화가 걸려 있는 거실이 마련되어 있어다. 완전히 폐허가 되어
있는 로카세카에서는 느낄 수 없었던 1년간 감금되어 있는 동안 있었을 가족들과 도미니코
회에 입회한 토마스 사이의 긴장감을 간접적으로 느껴 볼 수 있는 공간이었다.

닫힌 문 앞에서 돌아가야만 할 위기에서 구해준 그 직원이 너무 고마워서 작은 성의라도 보이려고 제안했지만, 그는 한사코 손사래를 치면서 사양했다. 이야기를 하다 보니 자신은 알바니아에서 온 외국인 노동자란다. 두 외국인이 이탈리아 땅에서 만나 토마스 아퀴나스의 소중한 역사를 추적하는 데 도움을 주고받다니 단순히 우연으로 치부하기에는 너무 큰 은총의 순간이었다.

## 고향 로카세카에서 보내야 했던 1년

형들이 토마스를 자기 가족의 성에 가두고 도미니코회원으로 살려는 결심을 바꾸려던 시도는 실패로 돌아갔다. 그럼에도 토마스의 가족들은 토마스를 아퀴노Aquino의 로카세카성에 약 1년간이나 억류한 채, 그의 마음을 돌리려고 온갖 노력을 다했다. 이 기간 동안 토마스는 많은 시간을 연구와 기도에 쏟았다. 아마도 아리스토텔레스의 오류 추리론에 대한 다소 풍부한 안내서인『오류론』과『양태명제론』등을 저술한 것으로 추정된다. 토마스는 쉬는 시간을 이용해서 누이들을 가르치고 가족들과도 충분히 대화할 수 있었다. 그 와중에도 도미니코회원들과 지속적으로 연락을 취하며 다시 그들과 합류할 길을 찾았다. 도미니코회원은 교황의 도움을 통해서라도 토마스 형제를 되찾으려 했지만, 교황은 황제와의 정치적 관계를 우려해서 토마스의 석방을 명령할 수 없었다. 그러던 중에 1245년 7월, 프리드리히 2세가 리옹 공의회에 의하여 폐위되었다는 소식이 들려왔다. 이제 교황의 영향이 더욱 커질 것을 깨닫게 된 아퀴노 가문은 토마스가 축복을 받으며 당당하게 가족들을 떠나게 하는 것이 유리하다는 것을 알았다. 어머니 테오도라는 가문의 체면을 고려하여 토마스가 밤에 그의 창문을 통해 탈출할 수 있도록 준비했다. 그녀가 생각할 때 구금에서 비밀리에 탈출하는 것이 도미니코 수도회에 공개적으로 항복하는 것보다 나아 보였기 때문이다. 결국 토마스는 이 유폐 기간을 잘 활용하고 오히려 자신의 결정을 확고하게 밝힘으로써 마침내 가족들의 동의를 얻어, 나폴리에 있는 도미니코회원들에게 돌아갔다. 토마스는 나폴리에서 로마로 보내져 도미니코회 총장 요한을 만난 뒤, 드디어 파리로 떠날 수 있었다.

젊은 나이에 처음으로 고국을 떠난 토마스는 낯선 땅 파리에서 무엇을 체험했을까?

철학자들의 도읍, 파리
― 첫 번째 파리 체류

## 노트르담 대성당 방문

'철학자들의 도읍'이라고 불렸던 13세기 파리에 들어왔을 때 토마스의 눈에 가장 먼저 들어왔던 것도 노트르담 대성당이었을 것이다. 파리의 시테섬 동쪽에 있는 이 성당이 시작된 것은 1160년 파리의 대주교가 되었던 모리스 드 쉴리(Maurice de Sully, 1110~1196)에 의해서이고, 1163년 교황 알렉산데르 3세(Alexander III, 1105~1181, 재위 1159~1181)가 초석을 놓으면서 본격적인 공사가 시작되었다. 대성당의 서쪽 정면은 1200년에서 1225년경에 완성되었고, 서쪽 정면의 탑 2개와 북쪽의 장미창은 1250년에 마무리되었지만, 나머지 부분이 완성된 총 공사 기간은 183년이나 걸려서 1345년에야 축성식을 거행했다. 따라서 1244년 토마스가 파리에 첫발을 디뎠을 때는 서쪽 정면이 우뚝 서 있고, 탑과 장미창이 열심히 건립되고 있었을 것이다.

내가 거의 십오 년 만에 노트르담 대성당을 다시 찾았을 때는

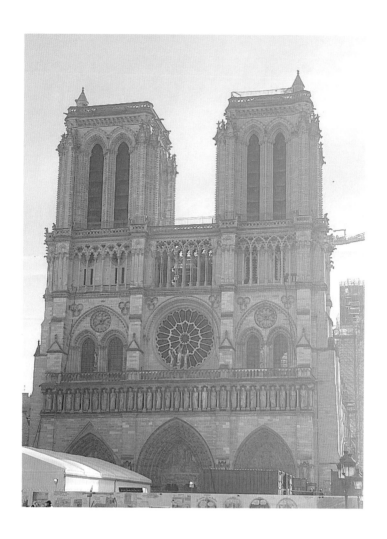

**파리 노트르담 대성당 서쪽 정면의 모습**

노트르담 대성당은 2019년의 화재로 중앙 첨탑 등 엄청난 부분이 파괴되어 보수중이라 이번
순례에서는 직접 방문이 불가능했다. 그렇지만 토마스 아퀴나스의 첫 파리 체류시기에 건축
되고 있었던 서쪽 정면의 두 탑과 장미창은 화마를 피했기 때문에 멀리서나마 그 온전한 모
습을 체험할 수 있었다.

옛 정취는 거의 찾아보기 힘들었다. 2019년 4월 15일 화재로 인해 13세기로부터 내려오던 목조 지붕과 19세기에 만들어진 중앙 첨탑이 소실되고 석조 볼트가 일부 파손되는 등의 큰 피해를 입었기 때문이다. 화재 후 4년이 지났지만 노트르담 대성당은 붕대를 감은 중환자처럼 어수선한 모습을 하고 있었다. 보수를 위한 지지대들이 성당 전체를 감싸고 있었고, 비교적 온전하게 남아 있는 서쪽 정면도 가림막이 쳐 있어서 그 위로 옛 위용을 멀리서 바라볼 수 있었을 뿐이다. 그 대신에 모든 이가 수리 과정이 어떻게 진행되는지를 알 수 있도록 만화로 제시된 설명이 가림막을 채우고 있었다. 그럼에도 여러 단체 여행객을 안내하는 가이드들이 나름대로 노트르담 대성당을 멀리서나마 볼 수 있는 위치를 찾아 열심히 설명하는 모습이 인상적이었다. 그만큼 이 성당의 중요성을 반증해 주는 것은 아닐까? 나폴레옹 보나파르트의 대관식과 빅토르 위고의 소설 『파리의 노트르담(노틀담의 꼽추)』의 무대이기도 했던 노트르담 대성당은 여전히 파리에서 관광객이 가장 많이 방문하는 곳이다. 2008년 마지막 방문 때 무더위 속에서 시원한 대성당 안에서 들었던 오르간 연주가 더욱 그리워졌다. 아쉬움에 밤중에 다시 노트르담 대성당을 찾았더니 밤 10시까지도 성당 안에는 보수 작업을 위해 아주 환하게 불이 켜 있었다. 이렇게 야간작업도 마다하지 않지만 보수 작업이 끝나려면 적어도 3~4년은 더 걸릴 테니 그 아쉬움이 더욱 커졌다.

노트르담 대성당을 방문하지 못하는 아쉬움을 달래 줄 소중한 고딕 건물이 바로 시테섬에 있기 때문에 그곳으로 발길을 돌렸다.

**남쪽에서 바라본 노트르담 대성당**

2019년의 화재로 아직도 수리에 사용중인 기중기와 거푸집 등에 노트르담 대성당이 둘러쌓여 있다. 2024년 12월 다시 방문이 허용된다고 하지만, 스테인드글라스 등이 완전한 모습을 되찾는데는 아직도 많은 시간이 필요해 보인다.

그곳은 바로 고딕 건축, 특히 스테인드글라스의 아름다움을 가장 가까운 곳에서 제대로 감상할 수 있는 '생샤펠Sainte-Chapelle' 경당이다. 이곳은 놀랍게도 토마스 아퀴나스가 학생으로서 처음 파리에 도착할 무렵 1244년에 건축을 시작해서 스승 대 알베르투스를 따라 쾰른으로 떠나는 1248년에 축성된 전성기 고딕 양식의 성당이다.

거룩한 경당을 의미하는 '생샤펠'은 프랑스 국왕 루이 9세(Louis IX, 1214~1270, 재위 1226~1270)의 명에 따라 지어졌다. 루이 9세는 토마스가 처음 파리에 왔을 때부터 두 번째 교수로서 파리에 체류하던 시기 동안 프랑스를 다스렸던 왕으로서 신심이 매우 깊었기 때문에 그의 생애 내내 그리고 사후에도 많은 존경을 받아서 왕으로서 성인품에 오른 예외적 인물이었다. 성왕聖王 루이는 제7차 십자군 원정을 주도해서 이집트에서 초반에 큰 승리를 거두었다가 포로가 되어 큰 보석금을 내고 풀려났다. 이 실패를 극복하기 위해 제8차 십자군 전쟁에 참전했다가 튀니스에서 결국 병사했다. 그런데 그는 성유물에 대한 공경심이 대단해서 이를 구입하는 데는 돈을 전혀 아끼지 않았다. 루이 9세는 제4차 십자군이 콘스탄티노플을 점령하고 세운 라틴 제국의 발두인 2세가 어려운 경제 사정 때문에 베네치아의 상인에게 담보로 맡긴 성유물들을 엄청난 거금을 주고 사들였다. 그가 구입한 것들 중에서 가장 대표적인 것은 예수 그리스도가 십자가상에서 쓰고 있었다는 '가시관'과 그 십자가의 일부, 예수의 옆구리를 찌를 때 사용되었다는 '롱기누스의 창', 십자가에 달린 예수의 입술을 축여 주었던 해면 등을 들 수 있다. 이를 보관하기 위해서 특별히 루이 9세는 새로운 경당을 설계하도록 명령했다. 높이가 낮은 아래쪽 경당은 왕궁의 관료들을 위한 것이었는데 현재는 출입구와 기념품 판매소 등으로 활용되고 있다. 양측에 있는 좁은 계단을 통해서 2층으로 올라가면 모두가 감탄을 자아내는 놀라운 공간이 나타난다. 고딕 건축 양식의 특징을 극대화해서 지붕을 떠받치는 기둥을 극도로 가늘게 설계했고, 이를 지지하기 위한 공중 부벽 등은 모두 외부에 설치함으로써 건물 벽 전체를 스테인드글라스로 채울 수 있었던 것이다. 이 유리창들을 1,300개 이상의 성서의 주요 장면들로 채워서 경당 전체가 구원의 역사를 한눈에 체험할 수 있도록 만든 것이다. 지금은 더 이상 성유물이 보존되어 있지 않지만, 그 경당 자체가 고딕 건축 양식의 가장 훌륭한 본보기로 칭송받고 있는 것이다.

토마스 당시에 실재하고 있었던 여러 건축물 중에 파리에 남아있는 예외적인 건물이기 때문에 나에게는 특별한 의미로 다가왔다. 이미 건축 구조에서도 드러났듯이 왕가를 위한 특별한 목적으로 건설된 건물이지만, 성왕 루이가 토마스를 존경해서 자신의 자문관으로 삼았기 때문에 이 경당에서 함께 시간을 보냈을 가능성도 충분히 있어 보였다. 방문객들이 많아서 방문을 위해서는 미리

---

생 샤펠의 아름다운 스테인드글라스

생 샤펠이라는 전성기 고딕 양식 건축물이 건립되고 있던 시기의 활기찬 파리의 모습은 젊은 도미니코회 수도사 토마스에게도 강력한 인상을 심어 주었을 것이다. 더욱이 이를 건립하도록 명령한 루이 9세는 훗날 교수가 된 토마스의 진가를 알아보고 자신의 고문으로 삼는다.

철학자들의 도움, 파리 ─ 첫 번째 파리 체류

예약을 해야 했고, 우리가 방문한 시간에는 밖에 비가 내리고 있어서, 처음 이 경당을 방문했을 때 나를 감동시켰던 빛의 마법을 한껏 느낄 수 없었지만, 적어도 토마스가 살았던 13세기 중반의 분위기를 느끼기에 충분한 공간이었다.


## 생자크 수도원 찾기의 기억

시테섬을 떠나서 본격적으로 토마스 아퀴나스가 생활했던 생자크 수도원을 찾기 위해 라탱 지구로 들어섰다. 파리대학의 학생들이 주로 사용했던 라틴어로부터 유래하는 라탱 지구는 센 강의 왼쪽 편에 있는 지역으로 현재도 소르본대학과 판테온 등 유적들이 즐비한 파리의 중심 구역이다.

이 구역에 들어서니 처음 파리를 방문했을 때 생자크 수도원을 찾아 헤매던 시절이 떠올랐다. 대부분의 사람들은 파리에 가면 노트르담 대성당, 루브르 박물관, 에펠탑, 몽마르뜨 언덕 등 다양한 명소들을 찾게 되지만, 나의 첫 파리 방문에서의 관심은 토마스 아퀴나스가 처음 4년 동안 머물면서 공부했던 생자크 수도원을 찾아보는 일이었다. 자세한 파리 지도를 펼쳐 놓고 노트르담 대성당과, 시테섬 주변을 샅샅이 뒤지면서 그 장소를 찾아보았지만 제대로 찾을 수 없었다. 실망하려던 차에 파리 외곽에 생자크 교회라고 표시되어 있어, 확인해 보니 마침 그곳이 도미니코회가 관할하는 본당이었다. 설레는 마음으로 그 성당을 찾아갔을 때 마침 고령의 신부님이 평일 미사 후에 신자들과 환담을 나누고 있었다. 당시 나는 프랑스어를 전혀 하지 못했고, 그 신부님은 영어나 독일어를 하지 못하셨기 때문에, 나는 응급처방으로 라틴어로 소통을 시도했다. 그러나 안타깝게 그분은 라틴어를 하지 못하셨다. 결국 답답해하던 본당신부님이 중학생 소녀를 통역자로 삼아 영어로 의사소통을 시작했다. 그렇지만 아쉽게도 그 성당은 토마스 아퀴나스와는 아무런 상관이 없는 평범한 프랑스의 가톨릭 본당이었다. 그 신부님도 13세기에 설립된 생자크 수도원에 대해서는 아무것도 알지 못하고 계셨다.

지난번의 실패를 되풀이하지 않기 위해서 이번 방문에는 보다 철저히 조사를 해보았지만, 생자크 수도원의 자리를 정확하게 지정하는 일은 쉽지 않았다. 여러 장의 중세 시대 파리 지도를 찾아서 현재 지도와 비교해 보았지만, 13세기 당시의 모습은 전혀 남아 있지 않았다. 파리에서는 도시와 국가 차원에서 워낙 여러 차례 대규모 공사가 진행되어 도시의 모습이 예전과는 완전히 달리 변형되었기 때문이다. 심지어 동일한 이름의 길이 있어도 그 위치와 길이는 매우 달랐다. 또한 생자크 수도원은 프랑스 대혁명 이후 완전히 파괴되었기 때문에 아무런 유적도 남지 않았다고 한다. 실망하면서 인터넷을 검색하던 도중에 생자크 수도원이 있었던 지역으로 추정되는 한 성당에 13세기 당시의 수도원의 모습과 현재 파리의 지도를 대비시켜 놓은 석판이 있다는 사실을 확인했다. 그 성당은 바로 생테티엔 뒤 몽St. Etienne du Mont 성당이었다. 더욱이 이 성당은 성 주느비에브(제노베파) 언덕Montagne Sainte-Geneviève 위에 위치하고 있는데, 이곳에는 중세 시대 이미 유명한 수도원이 위치하고 있었다. 그리고 그곳에서는 12세기 가장 유명한 스승 아벨라르두스가 강의한 적도 있었다. 그렇지만 지금은 그 수도원의 위치에 프랑스의 중요 인물들을 기억하는 '판테온Pantheon'이 들어서서 생테티엔 성당은 눈에 잘 띄지 않게 자리하고 있었다.

성당에 들어서자 고풍스럽게 아름다운 성당을 장식하고 있는 독특한 구조물이 눈에 들어왔다. 과거에는 많은 성당에 신자들이 앉는 회중석과 성직자들에게 유보된 성가대석을 구분하는 의미로 남아 있던 전례 칸막이가 있었다. 아름다운 돌로 장식되어 있는 전례 칸막이는 알비 대성당의 경우처럼, 아마도 그 예술적 가치 때문에 철거되지 않았던 모양이다. 성가대석 안을 차지하고 있는 경당 중에는 성녀 제노베파(Sainte Geneviève, 419/422?~502/512?)의 성 유물함이 경당의 가장 중요한 부분을 차지하고 있었다. 성녀 제노베파는 5세기 초에 파리 근교에서 태어나 성 게르마누스Germanus의 설교를 통해 감명을 받아 수녀회를 창설하고 자선과 금욕 생활을 했다. 그녀는 많은 환시와 예언을 보았지만, 451년 훈족의 왕인 아틸라Atila가 파리로 쳐들어왔을 때, 크게 혼란에 빠진 파리 시민들에게 신을 믿고 용기를 가지라고 격려하는 예언으로 유명해졌다. 몇 년 뒤 프랑크족의 왕 메로베우스Meroveus, Merowig가 파리를 점령했을 때도 성녀 제노베파는 자선과 희생으로 굶어 죽어가던 시민들을 살리고 점령자인 메로비히와 후계자인 아들 킬데리크 1세(Childeric I, ?~481)에게 큰 감명을 주었다. 그래서 그에게 감동한 힐데리히 1세는 그녀의 충고에 따라 파리의 초대 주교이자 순교자인 성 디오니시우스(Dionysius, ?~258?)의 무덤 위에 '생드니 성당'을 건립했다. 킬데리크 1세의 아들 클로비스 1세(Clovis I, 466~511, 재위 481~511)도 그녀의 설득에 따라 파리에 성 베드로와 성 바오로를 기념하는 성당을 건립했는데, 그녀가 세상을 떠나자 이 성당 안에 안치되었고, 오히려 그녀의 프랑스어 이름대로 주느비에브Genevieve 성당이라고 불렸다. 이후 그녀가 기도 생활한 파리에서 여러 기적이 일어나면서 그녀는 대표적인 파리의 수호 성녀로 사랑을 받았다. 그녀 유해의 대부분은 프랑스혁명 이후 사라졌지만, 그녀의 유해를 모셨던 성유물함과 일부 유해가 보존되어 생테티엔 성당에서 가장 중요한 공경의 대상이 되어 있었다. 그녀에 대한 프랑스인들의 여전한 애정은 판테온 안에 있는 프랑스 역사의 중요 인물들을 기억하는 벽화들 중에서도 그녀의 생애와 기적들이 매우 중요한 위치를 차지하고 있는 것에서 잘 나타난다.

많은 이가 찾는 성가대석에 들어가기 직전의 벽면에 놀랍게도 인터넷에서 보았던 도미니코회 생자크 수도원의 역사를 기념하는 석판이 붙어 있었다. 더욱이 그곳에서 활동했던 유명 인물들의 목록의 위쪽에는 스승 대 알베르투스와 토마스 아퀴나스의 이름도 분명하게 기록되어 있었다. 그 아래쪽에는 지금은 사라져서 아무것도 남지 않은 도미니코회 생자크 수도원의 위치가 지금의 도로들에 겹쳐서 붉은 실선으로 표시되어 있었다. 혹시 석판이 붙어 있는 위치가 옛 수도원의 일부가 아닐까 하고 추정해 보았지만, 자세히 살펴보니 수도원은 성당에서는 꽤 떨어져 있어 보였다. 그 지도를 사진 찍은 후에 이를 바탕으로 아무것도 남아 있지 않다는

A LA MÉMOIRE
DES SAINTS ET BIENHEUREUX
DE L'ORDRE DES FRÈRES PRÊCHEURS, DITS JACOBINS,
QUI ONT RÉSIDÉ A PARIS
AU COUVENT ÉTABLI EN 1218 RUE SAINT JACQUES.

S. DOMINIQUE, FONDATEUR DE L'ORDRE          † 1221
B. MANNÈS, FRÈRE DE S. DOMINIQUE,
      FONDATEUR DU COUVENT          † VERS 1230
  B. BERTRAND DE GARRIGUE          † 1230
  B. REGNAUD DE S. GILLES (REGINALDUS)  † 1220
  B. JOURDAIN DE SAXE,
      II° MAÎTRE GÉNÉRAL DE L'ORDRE    † 1237
  B. GILLES DE VALLADARES          † 1265
  B. PIERRE DE TARENTAISE (INNOCENT V)  † 1276
  B. ALBERT LE GRAND, ÉVÊQUE        † 1280
  S. THOMAS D'AQUIN, DOCTEUR DE L'ÉGLISE  † 1274
B. JEAN DE VERCEIL,
      VI° MAÎTRE GÉNÉRAL DE L'ORDRE    † 1283
B. AMBROISE SANSEDONI          † 1286
B. AUGUSTIN GAZOTTI, ÉVÊQUE        † 1323
B. ANDRÉ ABELLON          † 1450

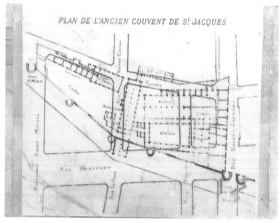

PLAN DE L'ANCIEN COUVENT DE St JACQUES

것을 알면서도 그 수도원의 위치를 확인하러 나섰다. 판테온 옆을 지나서 제법 호기 있게 수도원을 찾아 나섰지만, 생자크 대로 주변에서 사진에 찍은 것과 정확하게 일치하는 길들을 특정하기도 어렵고, 어떠한 단서도 발견하지 못했다. 워낙 많이 바뀌어서 그런가 하고 포기하려 할 때, 함께 걷던 지혜로운 내 아내가 철학자답게 혹시 지도를 거꾸로 보고 있는 것이 아니냐고 근본적인 의문을 제기했다. 그제야 사진에 찍힌 지도와 우리가 걷고 있는 생자크 대로의 위치가 뒤집혀 있는 것을 발견하고 이제까지 찾던 지역과 반대되는 쪽으로 넘어갔다. 그때 대학생들이 많이 모여서 점심을 먹고 있는 식당 옆 환전소 위에 작은 석판이 눈에 들어왔다. "이곳에 도미니코회 생자크 수도원이 있었다." 지금은 번화가로 바뀌어 있는 판테온이 보이는 사거리의 뒷편 블록 전체가 서구 사상사를 바꾼 도미니코회 신학자들의 생활 공간이었던 것이다.

생자크 수도원에 있던 도미니코회는 그 위치에서 프랑스 대혁명 이후 1792년에 추방되어 오랜 시간 파리에서 확실한 거점을 확보하지 못했다. 1938년에야 비로소 다시 파리 13구에 위치를 잡고 현재는 레오니나 판을 간행하는 위원회를 비롯하여 활발한 연구와 교육의 중심지로 자리잡았다.

---

**생테티엔 뒤 몽 성당 벽에 붙어 있는 생자크 수도원 안내판**
나에게 이 성당이 중요했던 이유는 바로 성당 기둥에 붙어 있는 이 석판 때문이었다. 이 석판에는 도미니코회 생쟈크 수도원에 있었던 대표적인 인물들과 예전 수도원의 윤곽이 검은색으로 표시되어 있다. 그 밑에 붉은 색은 현재의 도로 상황이어서 옛 수도원의 위치를 찾는 데 결정적인 정보를 주고 있다.

---

**생 쟈크 수도원의 위치를 알려 주는 석판**

판테온 앞으로 뻗어 있는 대로를 따라 걷다 보면 학생들이 주로 찾는 식당 옆의 환전소 2층 벽에 자그마한 석판이 달려 있다. 수도원은 완전히 사라졌고, 1217~1790년까지 이곳에 생 쟈 크 수도원이 있었다는 내용이 적혀 있다. 여기서도 대 알베르투스와 토마스 아퀴나스의 이름이 특별히 언급된다.

## 위대한 스승 대 알베르투스와의 만남

토마스가 파리에 도착했을 당시 도미니코회 생자크 수도원은 아무런 흔적도 남지 않은 지금과는 달리 매우 활발한 공동체였다. 탁발수도사들은 시골에 있는 수도원의 고요와 한적함 속에서 활동하지 않고, 그들의 수도원을 당시 생동감이 넘치던 도시에 세웠다. 카타리파의 확산을 막기 위해 자신의 수도회를 세웠던 도미니코는 이단에 대항하여 지속적으로 싸우기 위해서는 그리스도교 지식인들이 아리스토텔레스를 연구하고 이용해야만 한다고 주장했다. 도미니코는 1217년 7명의 수사를 파리로 파견해서 수도회가 시작했던 툴루즈 바깥에 첫 공동체인 생자크 수도원을 세웠다. 그는 심지어 자신의 탁발수도사들이 파리대학 신학부의 교수들이 될 수 있도록 승인해 달라고 요구했다. 그들이 교수가 된다면 그리스도교를 위해 도움이 된다고 판단한 아리스토텔레스의 철학을 가르칠 계획이었다. 당시 여러 중세 학교들의 연합체로서 막 탄생해서 급속히 성장하고 있던 파리대학의 입장에서도 뛰어난 학문적 자질을 갖춘 신흥 수도회의 파리 진출은 환영할 만한 요소를 많이 갖추고 있었다. 그래서 파리대학은 그들을 가르치고 보호할 재속 신학교수 한 명을 배당해 주었을 뿐만 아니라, 심지어는 숙소와 성당까지 마련해 주었다. 이에 더해 도미니코회 공동체는 짧은 시간 안에 성왕 루이 9세의 은덕으로 침실과 '300명의 수사들을 수용할 수 있는' 식당을 갖춘 새 수도원을 신축할 수 있었다. 이 수도원은 이미 1230년경에는 평균 100명 내외의 수도사가 살

정도의 규모로 성장했다. 그중 많은 수도자가 파리대학에서 가르치거나 신학을 공부하고 있었다.

더욱이 토마스가 도착했던 1245년 가을 이전부터 1263년 사이에 생자크 수도원의 도미니코회원들은 취득했거나 증여받았거나 해서 상당한 재산까지 보유하게 되었다. 이처럼 파리대학 근처에 있는 생자크 수도원에는 훌륭한 인재들이 집중됨으로써, 상호 간의 열띤 토론으로 대표되는 스콜라 철학과 공동 작업의 정신이 깃든 신학이 체계적이고 논리적으로 정비되어 사상사적으로 강점을 잘 갖출 수 있게 되었다. 또한 이 수도원에는 수도회의 체계적인 지원을 받아 많은 재능 있는 학자들이 학문에 전념할 수 있는 여건도 마련되었다. 특히 아직 종이가 널리 유통되지 않았고, 인쇄술이 발달하지 않아 모든 책을 손으로 옮겨 써야 하는 상황에서, 뛰어난 학자들이 연구에 전념할 수 있도록 동료 수사들이 필사 작업을 도맡았고, 비싼 양피지를 자유롭게 쓸 수 있도록 수도회가 지원해 주었다는 사실은 매우 큰 후원이 아닐 수 없다. 토마스는 새로운 개혁 수도원에서 이러한 후원을 한껏 받으며, 뛰어난 학자들이 하는 강의를 마음껏 듣고 성장할 수 있었다.

이 생자크 수도원에서 토마스는 낯선 이방인 형제들과 함께 4년 동안 파리에서의 첫 체류 기간을 보냈다. 그 당시 평범한 신학도였던 그의 생활을 알려 줄 수 있는 어떤 기록도 남아 있지 않지만, 한 가지 중요한 만남이 이루어졌다는 사실은 분명하다. 바로 그가 평생 존경했던 스승 대 알베르투스를 이곳에서 만나게 된 것이다.

그렇다면 토마스는 과연 많은 사람이 추정하는 것처럼 3년 동안 알베르투스의 지도 아래 공부했을까? 학자들에 따라서 토마스는 교과 과정상 공식적으로 알베르투스의 강의를 듣기에는 충분히 성숙한 상태가 아니었다고 주장하고, 다른 학자들은 토마스가 이 당시에 인문학부의 윤리학 강의에 참여했다고 확신한다. 그러나 이 문제에 대한 최종적인 결론을 내리기에는 남아 있는 구체적인 자료들이 너무 적다. 어떻게 되었든 일반적으로 자유롭게 아리스토텔레스의 작품들을 접하고 연구하는 데 제한을 받고 있던 다른 학생들과는 달리, 아리스토텔레스에 대해 긍정적인 생각을 품고 있던 도미니코회 수도원 내에서 토마스는 자신의 아리스토텔레스에 대한 지식을 더욱 빠르게 발전시켜 나갈 수 있었다.

## 중세 대학의 발생 배경

서구에서는 11~12세기에 늘어난 인구가 도시로 몰려들어 상업이 발달하고 부가 축적되면서 교육의 기회를 찾는 수요가 급격히 커졌다. 다양한 형태의 조합(길드)이 전문적인 기술력을 통해 상품을 대량 생산하기 시작했다. 생산한 것들을 넓은 지역에서 판매하면서 셈법, 계약서 등 여러 가지 지적인 능력이 요구되었다. 주로 시골에 있던 수도원 학교는 물론이고, 도시에 있던 궁정 학교나 주교좌성당 학교로도 이 새로운 수요를 감당할 수 없었다. 그래서 수공업자와 상인의 자제를 교육시키기 위한 개인 학교가 폭발적으로 증가했다. 새로 생긴 학교들끼리 경쟁이 과열되자, 아주 유명한 교사를 제외한 대부분의 교사는 안정되게 생계를 유지하기 힘들었다. 더욱이 한 교사가 모든 과목을 강의하는 방식으로는 새로운 시대가 요구하는 전문적인 지식을 전달하기 어려웠다. 개인 학교의 교사들 사이에 연합이 이루어지기 시작했고, 기존의 주교좌성당 학교나 수도원 학교도 동참하면서 12세기 말부터 거대한 조직이 탄생했다. '학생들과 교수들의 연합체Universitas scholarium et magistrorum', 즉 '대학University'이 탄생한 것이다.

요즘에는 대학교라고 하면 특정 장소에 세워진 건물들을 떠올리지만 처음 대학이 출발할 때는 시설과 장소는 전혀 중요하지 않았다. 유명 대학들도 초창기에는 건물을 전혀 소유하지 못했고 필요에 따라 성당이나 공회당 등을 빌려 강의를 개설했다. 대학이라는 연합체는 훌륭한 교수들과 강의를 듣기 위해 모여든 학생들만으로도 성립될 수 있었다. 이 새로운 연합체 안에서 교수들은 자신이 가장 자신 있는 과목에 연구와 강의를 집중했다. 학문의 분업화를 통해 전문적으로 연구할 수 있는 환경이 조성되었고, 각 학문은 훨씬 더 체계적으로 발전하기 시작했다.


파리 대학 방문


라탱지구에 있는 소르본대학Sorbonne Université도 찾아갔지만, 대학 건물 자체는 외부인들의 방문을 허용하지 않고 기념품 가게만이 반갑게 외부인을 맞고 있었다. 실제로 지금은 파리의 대학들이

1~14대학까지 파리 전역에 걸쳐 흩어져 있어서 중세 파리대학을 계승하는 대학을 방문하는 것은 불가능하다. 파리 대학을 대표하는 것으로 알려진 소르본대학은 본래 성왕 루이 9세가 자신을 보좌하는 로베르 드 소르봉Robert de Sorbon 신부에게 신학생들을 위한 기숙사 설립을 명해서 설립된 교육기관이었다. 세월이 지나면서 신학부를 포함한 파리 대학의 중심 기관으로 발전했다. 프랑스 혁명 이후 중세 때 가장 중요한 역할을 했던 신학부는 국립대학에서 방출되어 별도의 가톨릭계 대학으로 나가야 했고, 이제는 신학부가 없는 상태의 소르본대학이 파리 대학을 대표하는 형태를 띠게된 것이 아이러니해 보였다. 학생들이 앉아 있는 광장 옆에서 반가운 '브랭Vrin' 출판사의 책들을 주로 판매하는 책방이 눈에 들어왔다. 다른 곳에서 찾기 힘든 유명한 중세철학 전문가 에티엔 질송Étienne Gilson의 책들이 다양하게 전시되어 있어 반가웠다. 광장과 근처 식당과 카페에 있는 파리 대학가 학생들의 활기 넘친 모습들은 다른 형태로 생동감이 넘쳤을 중세 파리대학의 분위기를 상상하는 데 도움이 되었다.

역시 여행에는 기대했던 것에서는 실망하고, 예상하지 못했던 곳에서 기대하지 않았던 선물을 받게 된다. 우리의 인생도 매우 유사한 모습을 지니고 있다. 자신이 기획했던 대로 모든 것을 이룰 수 있는 인간이 어디에 있을까? 그래서 오래된 유래를 지닌 라틴어 속담은 '인간은 기획하고, 하느님은 결정하신다Homo proponit, Deus disponit'라고 말한다. 우리는 어쩌면 이 오랜 지혜를 배우기 위해서 여행을 떠나는지도 모르겠다.

### 파리 대학 앞의 대학서점

브랑 출판사의 철학 전문 서점이 대학 도서관 앞에 가장 좋은 자리를 차지하고 있다. 중세철학 분야 전문가인 에티엔 질송의 책이 가장 눈에 띄는 곳에 전시되어 있는 것이 인상적이었다.

## 중세 대학의 다양한 유형과 교육 방식

대부분의 대학이 학칙도 갖추지 못한 채 출발했기 때문에 정확한 설립 연대는 알 수 없다. 초기에는 통일된 형태나 조직도 없다가 시간이 흐르면서 대학의 중심적인 권한을 누가 가지느냐에 따라 두 유형으로 구분되었다. 지역적으로 알프스 이남 지역에 학생 중심의 대학들이, 그 이북에는 교수 중심의 대학들이 자리잡았다. 예를 들어, 알프스 이남인 이탈리아 대학들의 경우 학생들이 중심에 있었다. 볼로냐대학

볼로냐 대학의 강의 듣는 모습
가장 먼저 설립된 대학 중에 하나였던 볼로냐 대학은 다양한 법학 학교들의 연합체로 탄생했다. 법조 경력이 있는 학생이 많았던 이 대학은 대표적인 학생 중심 대학으로 강의 커리큘럼과 교수의 선발에도 학생 대표가 깊이 관여하였다.

은 법학, 살레르노대학은 의학이 가장 유명했는데 학문의 특성상 나이 든 학생들이 많았다. 이들이 결성한 학생 조합이 교수를 선발하는 일까지 관장했다. 이와는 대조적으로 알프스 이북에 자리한 파리대학이나 옥스퍼드 대학은 교수들의 조합이 중심이 되었다.

중세 대학이 체계를 갖추어 가면서 공통적인 구조가 생겨났다. 어린 나이의 신입생들은 '인문학부facultas artium'에 입학해서 4~6년 가량 '7 자유학예'를 비롯한 기초학문과 철학을 배웠다. 인문학부에서 학위baccalaureus를 취득한 학생들만 신학, 의학, 법학으로 이루어진 소위 '상위 학부'로 진학할 수 있었다. 인간의 육체적 생명을 다루는 의학, 사회적 생명을 다루는 법학, 사후의 영적인 생명까지 다루는 신학은 인문학부에서 인간과 세계에 대한 기본 지식을 갖춘 다음에야 진학이 허용되었던 것이다.

## 학문의 자유를 지키기 위한 초기 대학의 노력

초기 대학들은 학문을 발전시키기 위해서 뛰어난 재능을 지닌 교수와 학생들을 확보하는 것이 가장 중요하다는 사실을 깨닫고 있었다. 따라서 대학은 출신 성분이 아닌 순수하게 '능력'만을 선발 기준으로 삼았다. 평민 출신의 교수일지라도 공평하게 인정받을 수 있었고, 귀족 자제의 학생이나 그렇지 않은 학생이나 차별 없이 공부했다. 이러한 평등의 실천은 철저한 계급사회인 중세의 분위기에서는 파격적이었다. 물론 가난한 학생들은 뛰어난 재능이 있어도 생계비 마련 때문에 공부하기가 쉽지 않았다. 이들을 위해서 부유한 사람들은 무상으로 숙식이 해결되는 기숙사Collegium를 기증했다.

신분, 국적, 언어, 재력 등을 초월해서 모여든 당시 대학인들을 하나로 묶어준 것은 바로 학문적인 관심, 즉 지식 탐구의 열정과 의지였다. 이렇게 중세 대학은 '학문에 대한 사랑amor scientiae'을 토대로 진리를 추구하려는 공동체에서 유래했다. 중세의 대학인들은 설립 이념을 지키기 위해 매우 다양한 방법을 동원했고, 필요에 따라서 교황과 왕을 자신의 보호자로 삼기도 했다.

'학생들과 교수들의 연합체'인 대학은 개인 학교가 당했던 불이익에서 벗어나게 되었다. 당시 일부 도시에서는 개인 학교의 수업료 수입에 높은 세금을 매기는 경우도 있었다. 연합체가 구성되면서 대학 구성원들은 우선 개인 학교에 부과되던 과도한 세금에 체계적으로 저항했다. 만일 대규모 대학 구성원들이 다른 도시로 떠나면 도시의 재정에 큰 타격을 입힐 수 있었기 때문이다. 일부 대학들은 연합의 힘을 통해 대학생의 병역 면제라는 특권도 받아냈다.

그렇지만 새롭게 등장한 대학들의 영향력이 커지자 도시나 국가는 대학을 자신의 통제 안에 두려고 했다. 그래서 신흥 대학들에게는 지역적으로 멀리 떨어져 간섭하지 못하지만, 자신들의 자유를 지켜 줄 더 큰 권위가 필요했다. 대학들은 로마에 있는 교황이 자신들을 옹호해주리라 기대했다. 실제로 각 대학이 '교황청 직속 대학'으로 인정된다면, 외교적인 면책특권을 누릴 수 있었다. 이를 배경으로 많은 대학이 자체적인 사법권까지 가지게 되었다. 독일 하이델베르크대학 같은 경우에는 아직도 현존하고 있는 대학 감옥이 관광의 명소가 되어 있다.

초기 대학이 자신을 통제하려던 정치 세력에게 저항한 대표적인 예는 1229년의 총파업이었다. 당시 대학이 누리는 특혜를 시기하는 시민들도 많았고 일부 대학생은 이를 남용하기도 했다. 이 때문에, '타운town과 가운gown', 즉 도시민과 대학생 사이에 가끔 폭력 사태가 발생했다. 폭력 사태 중에 파리 대학생 한 명이 사망하는 일까지 벌어졌다. 대학 경찰은 일반 시민에 대한 수사권이 없었기 때문에 파리 경찰의 도움이 필요했다. 그러나 파리 경찰은 범인의 체포에 전혀 협조하지 않았다. 결국 파리 대학의 교수와 학생들은 총파업을 강행하여 파리를 떠나 몽펠리에나 툴루즈 대학 등으로 이주해 버렸다. 파리 당국은 2년 동안의 총파업으로 인한 경제적 타격과 실추된 명예를 견디지 못하고 마침내 사과했다. 대학은 공식적인 사과를 받고서야 다시 돌아왔다.

이렇게 중세 대학인들은 매우 자주적인 공동체를 이루었으며, 자신들이 살 조건과 행동을 스스로 결정할 수 있을 만큼 독립되어 있었다. 그들은 이를 통해 많은 특권을 얻어냈고 시간이 지날수록 대학의 위상은 더 높아졌다. 중세 후기로 갈수록 대학들이 특권을 남용하는 경우도 발생했지만, 적어도 그 중심에는 항상 '학문의 자유'에 대한 갈망이 있었다.

**파리의 소르본느 대학교**
중세의 대학들은 자신의 학문적 자유를 추구하기 위해 교황청 직속 대학으로 소속되기를 원했다. 소르본느 대학교의 경우 재속 성직자들을 위한 교육기관으로 설립되었다. 프랑스 대혁명 이후 신학부가 파리의 국립 대학교로부터 퇴출되었지만, 계속해서 파리를 대표하는 대학교로 명성을 떨치고 있다.

## 중세 대학의 수업방식

권위 있는 텍스트에 의존하는 수업은 강의, 질문과 토론lectio, quaestio & disputatio으로 구성되었다. '강의'는 권위 있는 텍스트의 한 절을 큰 소리로 읽고, 그 절을 작은 문단들로 분해하여 텍스트 전체의 골격을 설명한 후에, 각 문단을 상세히 해설하는 방식으로 이루어졌다. 특별히 중요한 부분에 대해서 실제의 토론 사례나 가상적 토론 상황을 설정하여 논의함으로써 교부학에까지 거슬러 올라가는 '질문'이라는 방식이 널리 사용되었다. 이 질문은 우선 주석 옆의 여백에 기록되는 형태로 시작되었지만, 곧 그 제한된 분량을 넘어서 독립적인 '토론'으로 발전하였다.

**독일 프라이부르크 대학교 본관**
독일 프라이부르크 대학교의 초대총장 마태우스 훔멜Matthaeus Hummel은 대학의 설립을 맞아 "지혜는 자신에게 집을 지었다"라고 연설했다. 단순한 지식 습득이 아닌 숙고된 지혜의 배양이 대학 교육의 핵심적인 과제임을 강조한 것이다. 이를 상징하듯이 본관 정문에는 호메로스와 아리스토텔레스의 조각상이 드나드는 학생들에게 새로운 영감을 부여하고 있다.

'토론'은 중세 대학 교과과정에서 강의에 못지 않은 중요성을 지녔고, 당시 학문 분위기를 잘 이해하게 해주는 핵심 요소였다. 제1장에서 언급했던 '정규 토론'이외에도 주제의 설정이 임의적이고 자유로웠던 '자유 토론Questio quodlibetalis'도 있었다. 자유 토론에서는 대학원생이 아니라 총장의 위임에 따라 교수가 발표를 맡았고, 교수는 자신이 중점을 두는 학문 분야를 지정할 수 있었을 뿐이다. 토론에 참석한 교수와 학생들은 그 분야 안에서 어떤 주제에 대한 질문을 던져도 좋았다. 이것은 워낙 난해한 임무였기 때문에 사순절과 대림절 등 대개 일 년에 두 번 정도 했을 뿐이다. 이러한 토론은 개별적 문제에 대한 학생의 이해력, 논증의 능력, 반론을 논파하는 능력을 길러주려고 시도되었다.

중세 대학이 설립 당시 추구했던 '학문에 대한 사랑'과 '자유를 위한 투쟁'은 현대의 대학이 위기를 극복할 방향을 제시한다. 현대 대학에서는 예전보다 더욱 교묘하게 자본을 통한 통제가 이루어지고 있다. 따라서 대학인들은 눈앞의 작은 이익에만 매몰되는 일 없이, 자신이 추구해야 할 이상을 뚜렷이 자각해야 한다. 또한 중세 대학에서 실천한 평등의 원리에 따라 국가와 인류에 이바지할 수 있는 재능 있는 학생들이 금전적인 이유로 대학 교육의 기회를 잃어서는 안 된다. 본래부터 대학의 주체였던 교수와 학생이 대학 운영에 직접 참여할 수 있는 체제를 정비함으로써 손상된 대학의 공동체 정신을 회복해야 한다. 취업률이나 논문 숫자 따위 어설픈 기준으로 각 대학을 경쟁으로만 몰아가서는 안 된다. 각 대학의 특성을 살리면서 시너지 효과도 낼 수 있는 연구 및 교육 공동체를 다시 구성할 때, 비로소 '지혜의 집domus sapientiae'이라는 초기 대학의 위상을 되찾을 수 있을 것이다.

파리대학 교수 임용

## 위대한 도약을 위한 준비: 『명제집』 강사 시절

1252년 파리와 쾰른에서 훌륭한 멘토인 대 알베르투스 밑에서 공부하며, 그로부터 자신의 평생을 좌우할 박식함과 열린 마음을 물려받은 토마스가 파리로 돌아왔다. 그러나 그의 앞에는 교수가 되기 위해 이수해야 할 단계와 넘어야 할 여러 가지 난관이 놓여 있었다. 우선 13세기에 학사에서 교수가 되기 위해서는 세 단계를 거쳐야 했다. 학사는 성서에 대해 요약해서 가르치는 강의를 한 후에 페트루스 롬바르두스의 『명제집』을 강의하고, 마지막으로 공적인 토론을 하는 자기 지도교수를 보좌해야 했다. 그래서 토마스는 파리로 돌아온 첫해에 성서에 대해 요약하는 강의를 했고, 이것으로부터 『이사야서 주해』와 『예레미아서 주해』가 탄생한 것으로 보인다.

『명제집』은 1230년 이후 신학부에서 사용하는 교과서 중에서 제일 중요했던 책으로서 교부들 및 성서의 권위와 새로운 스콜라 신학자들이 주장하던 사변적 합리주의를 적절하게 조화되도록 결합하고 있었다. 13, 14세기의 대표적인 신학자나 철학자들, 예를 들면 토마스 아퀴나스, 둔스 스코투스, 윌리엄 오컴 같은 이들은 이 책에 관해서 강의를 했고 또한 주해서도 썼다. 더욱이 토마스의 주목할 만한 처녀작인 『명제집 주해』는 학생들이 받아 적은 보고록reportatio이 아니라, 토마스 자신이 쓰고 부분적으로는 여러 번 교정까지 한 책Scriptum super Sententias이어서 연구할 만한 충분한 가치를 지니고 있다. 『명제집 주해』에서 그는 이미 독자적인 사상가의 모습을 드러내고 있다. 그가 '분리된 실체 또는 천사들에서 질료와 형상이 결합되지 않고 오직 순수 형상으로 있고, 물질적인 피조물에는 여러 가지 실체적 형상이 존재하는 것이 아니라 오직 하나뿐이며, 이 사물들을 개별화하는 원리는 양으로 한정된 질료이다.'라는 주장들을 펼칠 때에는 이미 아리스토텔레스의 사상을 섭렵하고 있으며 이를 바탕으로 자신의 생각을 개진하려는 태도가 분명히 나타난다. 토마스가 나중에 정식 교수로서 행한 '강의들'의 명료한 사고, 간결한 표현, 개별 주제들을 취급하는 전문성은 『명제집 주해』에서도 이미 드러나고 있다. 더욱이 토마스는 의무적으로 주어져 있는 강독의 책임을 충족시키는 것으로 만족하지 않았다. 대부분의 강사들이 제1권 강의에서 마치는 『명제집 주해』를 4권까지 모두 완성한 것은 그의 연구에 대한 천품을 알려주는 셈이다. 그럼에도 토마스에게는 성서만이 절대적인 권위를 지니고 있었다. 다른 학자들의 해석은 진리에 다가가는 정도에 따라 즐겨 인용했지만, 결코 결함이 없는 권위를 지닌 것으로 인정하지 않았다.

토마스는 『명제집』 강독 외에도 이 시기에 교수들이 정규적으로 실시한 토론회에도 참가해야 했다. 규정에 따라 적어도 5개의 공개 토론회에서 '답변자' 역할을 수행해야 했는데, 토마스는 규정보다 훨씬 더 많이 답변자 역할을 맡았다. 또한 1256년 이전에 대학의 교과과정과는 관련 없이 저술된 『존재자와 본질De ente et essentia』과 『자연의 원리들De principiis naturae ad fratrem Sylvestrum』이라는 다른 초기 작품이 눈에 띈다. 이 작품들은 토마스가 학칙에 규정된 의무들을 넘어서서 보다 충실한 교육을 위해서 끊임없이 연구하고, 혼란에 빠질 학생들을 도울 수 있는 보조수단의 집필에도 최선을 다했음을 보여 준다.

대 알베르투스의 충실한 교육과 토마스의 뛰어난 능력으로 교수가 되기 위한 전제조건은 모두 갖춘 셈이었지만, 토마스의 교육자로서의 길은 결코 순탄치 않았다. 그가 파리로 돌아왔을 때, 파리대학은 재속 교수들과 탁발수도회 사이의 공공연한 투쟁으로 인해 그가 스승 알베르투스를 따라 쾰른으로 떠나기 이전과는 너무도 다른 모습을 지니고 있었다. 따라서 『명제집』 강사로 활동하던 시기의 토마스의 인생 여정은 주로 다음과 같은 투쟁과 밀접하게 관련되어 있다. 재속 사제들의 대표자였던 전투적인 기욤 드 생타무르Guillaume de St. Amour는 『최근의 위기에 대하여De periculis novissimorum temporum』라는 책자를 통해 탁발수도회가 대학 운영에 참여하는 것을 막기 위해 강력하게 투쟁했다. 기욤은 도미니코회와 프란치스코회 수사들이 특전을 통해 지역 교회 장상의 권위로부터 벗어나 있다고 비판했다. 이것이 반대자들의 눈에는 교황이 자신의 세력을 행사하기 위해 뻗치는 팔이라는 인상을 주었기 때문이다. 또한 혁신과 반성을 토대로 한 탁발수도회의 분위기 때문에 많은 재능 있는 젊은이가 새로운 수도원으로 모여들었고, 이것은 지역의 재속 성직자들에게 심각한 위협으로 다가왔다. 토마스는 『신에 대한 예배와 수도 생활을 공격하는 자들에 대한 논박*Contra impugnantes Dei cultum et religionem*』이란 저서를 통해 탁발수도회들을 옹호함으로써 파리에서 벌어진 격렬한 논쟁에 참여했다.

파리에서의 투쟁은 광범위한 권력 투쟁의 성격을 지녔고, 무엇보다도 탁발수도회들에게 허용되어야 하는 교수 자리의 숫자와도 연관되어 있었다. 1231년 파리대학의 교수 세인트 자일스의 요한John of St Giles은 도미니코회 생자크 수도원에서 복음적 가난에 대해서 연설하다가, 그 주제가 그를 사로잡아서 원장에게 수도복을 요청하고 당장 도미니코회원이 되어서 그 연설을 마치는 일이 벌어졌다. 토마스가 나중에 얻게 되는 바로 그 교수 자리는 이때 도미니코회로 넘어온 것이다. 탁발수도회의 성장에 위협을 느낀 반대자들은 어떠한 수도회도 한 번에 하나의 교수 자리 이상을 차지해서는 안 된다고 주장할 뿐만 아니라 수도회의 지위까지도 공격하기 시작했다. 기욤 드 생타무르는 매우 의문스러운 수단들, 즉 거짓말, 모함, 위조, 마녀사냥과 같은 방식도 흔히 사용했다. 또한 일부 과격한 도미니코회원들도 재속 성직자들과 대학 총장에게 폭력을 행사한 적이 있었다. 도미니코회와 프란치스코회 수사들은 아리스토텔레스 철학에 대한 평가에서는 일치하지 않았지만 수도회를 옹호하겠다는 결심에서는 하나가 되었다. 탁발수도회들은 파리대학 그 자체를 목표로 하고 있는 것은 아니었다. 그것은 교회의 광범위한 사도직 사업을 위한 유능한 인재들을 길러내기 위한 수단에 지나지 않았기 때문이다. 그렇지만 특히 설교가 고유 사명인 도미니코회원들로서는 연구와 교육에 관련된 논쟁은 매우 중요했다. 이 싸움은 기욤의 소책자가 불살라지고 출판금지령과 함께 1257년 그가 추방되었음에도 끝나지 않았고, 나중에까지 토마스의 생애에 결정적인 영향을 끼쳤다.


## 파리대학 교수로서 보인 교육에 대한 열정

파리대학의 혼란스러운 정치 상황 속에서도 결국 토마스는 1256년 4월에 박사가 된다. 이때 그의 나이는 겨우 31세로 적어도 35세가 되어야 한다는 규정에서 면제받았다. 그렇지만 이 시기에 파리의 도미니코회원들은 기욤과 그의 추종자들에 의해 동물 소리를 동반한 견디기 힘든 모욕과 돌팔매질과 주먹세례와 같은 물리적인 폭력까지 당하고 있었다. 도미니코회원들은 토마스의 교수 자리를 포기할 준비도 되어 있었지만, 교황은 토마스를 교수로 받아들이는 것을 승인했다. 1256년 초여름, 토마스는 공식적으로 가르칠 수 있는 자격을 얻어 신학부의 교수magister theologiae가 되었다. 그럼에도 재속 사제 교수들은 탁발수도회원에게 대학에서 당연한 교육활동을 시작할 수 있는 허가를 내주지 않고 있었다. 토마스와 같은 해에 수도회에 들어갔으며 사상적인 차이에도 불구하고 꾸준한 우정 관계를 유지했던 프란치스코 회원 보나벤투라(St. Bonaventura, 1221~1274)도 같은 처지에 있었다. 교황 알렉산데르 4세(Alexander IV, 1185/1199~1261, 재위 1154~1161)가 명시적인 권위를 근거로 해서 칙서「생명의 나무」를 통해 개입한 이후에야 두 사람은 같은 날 교수 취임을 위한 허가를 받게 되었다. 그렇지만 처음에는 토마스에게 그 허가는 그다지 유용하지 않았던 것처럼 보였다. 왜냐하면 파리대학은 그의 교수 취임 연설을 보이코트했기 때문이다. 알렉산데르 4세 교황은 1256년 6월 17일 자 서한에서 토마스가 행한 최근의 토론이 얼마나 심하게 방해를 받았는지에 대해서 강하게 비판했다.

토마스는 이런 상황 속에서도 외로이 기도에 매진하면서 교수 취임 연설을 준비했고, '높은 다락집에서 산에 산에 물 주시니 일하시는 보람이 땅에 가득하오이다(시편 104,13)'라는 구절을 토대로 성공리에 연설을 마쳤다. 이 강연을 할 때 그와 그의 청중들은 국왕 루이 9세의 군인들에 의해 보호되어야만 했다. 그 이후에도 기욤을 추종하는 자들의 방해는 계속되어서, 한 번은 토마스가 설교하고 있는 동안 탁발수도사를 모욕하는 시를 크게 읽기도 했다. 그러나 그런 일들은 토마스가 파리대학의 가장 사랑받고 존경받는 스승이 되는 일을 막을 수 없었다. 교황이 여러 번 개입하고 기욤의 서적들이 또다시 단죄된 후, 1257년 가을에서야 토마스와 보나벤투라는 파리대학 교수단에 받아들여졌고, 토마스는 '외국인 강좌schola extraneorum'를 맡았다.

이런 혼란스러운 상황에서도 1256년에서 1259년까지 토마스는 파리대학에서 신학 교수로서의 의무들을 수행했다. 그는 성서에 대해서 강의하고, 공적인 토론을 이끌고 설교했다. 이 세 가지 대학 내의 활동들은 세 가지 학문적 형태인 주해Commentar, 정규 토론 문제집Quaestio disputata, 설교집Sermo 등에 부합한다. 아마도 토마스는 강의가 있는 날에는 매일 아침에 강의하고, 오후에 그의 학생들과 함께 '정규 토론'을 진행했을 것이다. 이 첫 번째 교수시기에 행한 토론은 정규 토론 문제집인 『진리론De veritate』에 근거를 둔 것이다. 당시 전 유럽의 청년 학생들이 모여든 파리대학에서도 그의 이름은 그의 저작과 함께 삽시간에 퍼지게 된다. 설교도 대학 내 행사에서 확고하게 규정된 형태였고, 주로 신학부에 관련된 구성원들을 대상으로 주일이나 축제일에 이루어졌다. 설교는 주로 아침 미사 도중에 이루어졌지만, 저녁기도 전에 두 번째 설교가 이어지기도 했다. 또한 교수들이 행한 중세의 설교에서는 철학적인 논쟁이 다루어지기도 했다. 따라서 토마스도 가끔 파리의 여러 교회에서 강론하였다. 이 강론들을 통해서 그의 명성은 파리에 널리 퍼졌고, 마침내 국왕 루이 9세의 고문으로서 신임을 받게 되었다.

토마스는 첫 번째 파리 체류의 세 번째 학년도(1258~1259)에 대학 내 과제에 속하지 않는 『대對이교도대전Summa contra gentiales』의 편찬을 시작했다. 파리로부터 이탈리아로 출발하기 전에 토마스는 보에티우스의 『삼위일체론(De trinitate, 1258/60)』과 『데 헵도마디부스(de hebdomadibus, 1256/59)』에 대한 두 권의 주해서를 저술했다. 이 두 권의 주해는 아마도 강의에 기초한 것일 텐데, 주해된 텍스트들은 통상적인 교육과정에는 속하지 않았다. 이 주해서들을 통해 아리스토텔레스의 사상을 수용하면서도 이를 더욱 발전시켜 완성하려는 토마스의 의도가 잘 드러나고 있다. 이러한 저서들을 통해 토마스가 보다 충실한 강의를 위해 기본적인 연구 이외에 지속적으로 연구 범위를 확장하려고 노력했음을 확인할 수 있다.

토마스는 자신의 방대한 작품에서 거의 단 한 번도 저자 자신의 개인적인 기분을 드러내지 않았다. 토마스는 천성적으로 그를 둘러싼 소요가 시끄러워질수록 더더욱 침착해졌던 것 같다. 그와 오랫동안 같은 수도원에서 살았던 동료 수사는 토마스가 평정심을 잃어버린 것을 한 번도 본 적이 없다고 말했다. 그는 항상 사태의 뒤편에 머물러 있었고, 그가 밝히고자 노력하는 것도 사태 그 자체였다. 토마스가 자신의 저작에서 이루고자 하는 평생의 과제란 바로 엄격한 사실성과 객관성이었다. 토마스는 이 과제가 위협받는다고 생각될 때에는 아리스토텔레스의 경고에 따라 강하게 사실성과 객관성을 강조했다. 그에 따르면, 학설들을 받아들이거나 거부할 때, 그 의견을 말하고 있는 사람에 대한 애호나 거부감에 따를 것이 아니라 진리의 확실성에 따라서 판단해야 한다고 했다. 그는 학문적인 토론에서 아무도 양쪽 편의 의견들을 듣지 않고는 판단을 내려서는 안 되는 공정한 재판정에 선 것처럼 처신했다. 그러므로 그는 반론을 제거하는 것은 진리를 발견하는 것과 마찬가지라는 아리스토텔레스의 의견에 동조하며 학문적으로 토론을 벌이는 상대에게도 자신이 항상 하는 것처럼, 그 의견을 명백하게 밝히도록 요구했다.

실제로 토마스는 필요할 때마다 토론에도 적극적으로 참여했다. 많은 교수가 부담을 느꼈던 '자유 토론'도 토마스는 기회가 있을 때마다 참여하여 이 내용만으로도 한 권의 책이 출간되어 있을 정도다. 이 토론에서는 토마스가 얼마나 다양한 주제에 대해 해박한 지식을 바탕으로 자유롭게 자신의 의견을 밝힐 수 있었는지가 잘 드러난다. 토마스는 13세기에 가장 많이 토론에 참여했던 사람 중 하나였다.

파리대학 교수 시절에 토마스의 모습을 알려 주는 유명한 일화가 있다. 어느 날 토마스가 학생들과 함께 생드니 성당에 모셔 있는 성 디오니시우스의 유해를 순례하고 돌아오던 중, 멀리 보이는 파리시와 노트르담의 찬란한 첨탑들의 아름다움에 감탄하게 되었다. 이때 한 학생이 토마스에게 "스승님, 보세요, 파리 시가 얼마나 아름다운가요? 당신께서는 이 도시의 주인이 되고 싶지 않으세요?" 하고 물어보았다. 그러자 토마스는 "차라리 나는 마태오 복음에 관한 요한 크리소스토무스의 설교들을 갖고 싶다."고 말했다고 한다. 이는 교육과 연구에 대한 책임감에 가득 찬 토마스에게서 나올 만한 대답이었다.


## 생드니 수도원 방문


생드니 성당은 토마스 아퀴나스가 파리에 머물렀던 시기에도 매우 중요한 명소로 자리잡고 있었기 때문에, 위의 일화는 토마스

**고딕 건축 양식이 처음으로 시작된 파리 외곽의 생드니 성당**

생드니 성당이야말로 노트르담 대성당, 생 샤펠과 함께 토마스 아퀴나스가 파리에서 교수로
서 활동하던 시기를 간접적으로 느낄 수 있게 해 주는 최적의 장소이다.

의 여러 전기에 기록되어 있다. 생자크 수도원과 중세 파리대학의 흔적을 찾지 못하는 어려움에서 오는 아쉬움을 달래기 위해서 우리는 파리 북부에 있는 생드니 수도원을 방문했다. 고딕 성당에 대해 특별한 매력을 느끼고 있었기 때문에 〈EBS 통찰〉의 방송 주제로 선택했던 나로서는 생드니 수도원 성당은 특별히 방문하고 싶던 곳이었다. 바로 이 수도원에서 중세 문화의 대표적인 건축 양식인 고딕 양식이 탄생했기 때문이다.

이곳은 노트르담 대성당이나 생테티엔 뒤 몽 성당보다도 훨씬 더 유서가 깊은 곳이다. 전설에 따르면 이 수도원의 이름이 된 주보 성인 생드니, 디오니시우스 성인은 파리의 첫 주교로서 249년 파리 몽마르트 언덕에서 참수형을 당했을 때, 잘려 나간 자기 머리를 들고 이곳까지 와서 쓰러져 묻혔다고 한다. 그래서 파리의 주보 성인으로 공경받는 그는 파리의 여러 성당 안에서 주교관을 쓴 머리를 들고 있는 머리 없는 사람의 모습으로 표현되어 있다. 그를 기념하기 위해서 7세기경부터 이곳에 건설된 수도원의 기록이 남아 있고, 특히 메로빙거 왕조부터 대부분의 프랑스 왕이 이곳에 묻혔기 때문에 프랑스 역사에서는 특별한 의미를 지닌 성당이다.

파리 중심에서 전철로 30분가량을 달려 파리 북부에 있는 성당에 들어갔을 때는 중요한 동쪽 성가대석에 대한 보수공사가 한창이었다. 많은 부분은 공사를 위해서 가림막으로 가려져 있었지만, 대신에 이 성당의 역사를 알려 주는 만화가 가림막 전체를 차지하고 있었다. 그 만화에도 나온 것처럼, 12세기 이 수도원의 원장이

## 생 드니, 디오니시우스 성인

파리의 첫 주교로서 몽마르트 언덕에서 참수 당한 후, 자기 머리를 들고 이곳까지 와서 쓰러졌다고 한다.

었던 쉬제르 수도원장(Abt Suger, 1081~1151)은 기존의 로마네스크 양식으로 건립되고 있던 수도원 성당을 획기적인 방식으로 변형하고 싶어 했다. 그리스도교를 위협하는 세속적인 세력이나 탐욕과의 싸움을 상징하는 '전투적인 교회'를 실현한 로마네스크 양식은 마치 성채처럼 두꺼운 벽과 육중한 원형아치로 연결된 기둥들, 작은 창문 이외에 남은 부분을 다양한 벽화로 장식하고 있었다. 쉬제르 수도원장은 이와는 달리 신의 계시와 은총을 성당에 들어오는 사람들이 체감할 수 있는 독특한 방식의 건축 양식을 고안해 냈다. 이미 한두 곳에서 시험된 뾰족아치pointed arch와 교차 궁륭 방식으로 동쪽 성가대석을 꾸미고, 이를 뒷받침하는 기둥들도 중력을 견디기에 필요한 정도로 최소화된 다발 기둥으로 대체했다. 이렇게 개선된 기술을 바탕으로 벽체와 기둥은 얇아지고 이를 거대한 창문들이 차지하게 되었고, 이 창문들은 스테인드글라스로 꾸며질 수 있었다. 이런 변화를 통해서 발생하는 옆쪽의 압력은 성당 바깥쪽에 공중 부벽flying buttress을 설치함으로 해결했다. 이를 통해 창문들을 원하는 대로 마음껏 크게 설계할 수 있게 되었다. 왕의 묘소들과 성 유물 때문에 순례객들이 몰려 들어오고 있었기에 순례를 원활히 할 수 있도록 성가대석 통로 옆에는 왕관 모양으로 경당들을 배치했다. 이를 위해 필요한 거대한 건축 자금은 순례객들의 헌금을 적극적으로 유도해서 마련했다.

그렇지만 동시대 최고의 영적 지도자였던 시토회 수도원장 클레르보의 베르나르두스(Bernardus Claraevallensis, 1090~1153)의 눈에는 낯선 건축 양식과 이를 위해 필요한 건축 비용 마련을 위해 동분

서주하는 쉬제르 수도원장이 청빈을 표방하는 수도회 정신을 저버린 탐욕스러운 인물로 비쳤다. 베르나르두스 원장은 자신의 뛰어난 수사학적 웅변 능력을 동원해서 쉬제르 원장을 격렬하게 비난했고, 이는 한창 건설 중이던 첫 고딕 성당의 완성조차 위태롭게 했다. 쉬제르 원장은 베르나르두스를 반격하는 것이 아니라 설득하는 방식을 택했다. 귀족이 아닌, 수도원에 입양되었던 자신의 미천한 출신이 설득의 출발점이었다. "위대하신 베르나르두스 원장님, 저는 뛰어난 귀족 출신이신 원장님과는 달리, 본래 아무것도 자랑할 만한 것이 없는 평범한 평민 출신입니다. 더욱이 저는 어린 나이에 수도원에 맡겨져서 성장했기 때문에 수도사들의 평범하고 소박한 생활을 평생 몸에 지니고 살아온 사람입니다. 그래서 수도원장인 지금도 다른 평수사들과 똑같이 소박한 방에서 생활하고 있습니다. 그럼에도 제가 이렇게 거대한 수도원의 공사를 하는 이유는 오직 하느님께 영광을 드리기 위해서입니다. 저는 수도원에서 읽고 쓰기를 배웠지만, 읽고 쓸 줄 모르는 단순한 평민들도 하느님께서 자신에게 내리시는 계시를 통해 은총과 진리를 직접 체험할 수 있는 성당을 만드는 것이 저의 유일한 꿈입니다. 다른 것은 몰라도 저의 이 진심만은 수도원장님께서 이해해 주시기를 감히 무릎 꿇어 청합니다." 자신의 강한 비판에 대한 재반박을 기다리고 있던 베르나르두스 원장은 쉬제르의 겸손한 태도에 감명을 받고, 기존의 반대하던 태도를 바꿔 수도원 성당의 고딕 양식화를 지원하게 되었다. 그래서 완성된 것이 바로 고딕 양식의 출발점으로 인정받고 있는 이 성당의 동쪽 성가대석이었다.

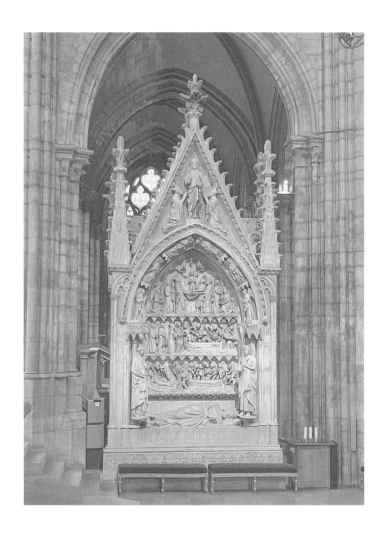

**다고베르 1세의 무덤**
생 드니 수도원에 엄청나게 기부하여 수도원의 창립자로 존경 받았다.

**루이 12세와 브레타뉴의 안네의 무덤**

부부의 신심을 기리기 위해 기도하는 모습으로 묘사되어 있다. 지혜, 용기, 절제, 정의라는
4추덕을 상징하는 여인상이 무덤의 끝을 장식하고 있는 것이 인상적이다.

그곳은 내부 수리가 진행되는 중에도 셀 수 없이 많은 프랑스 왕의 무덤들을 아주 가까이에서 직접 관찰할 수 있었다. 메로빙거 왕조에 이어서 카롤링거, 카페 왕조에 이를 때까지 대부분의 프랑스 왕과 왕비가 이곳에 안치되었다. 왕가의 무수한 무덤 중에서 주목할 만한 몇 가지만 언급해 보자면, 생드니 성당에 엄청나게 기부해서 수도원의 창립자로 존경받던 다고베르 1세(Dagobert I, 재위 629~683년)의 무덤은 제대 바로 옆에 13세기의 고딕 양식의 조각들로 화려하게 장식되어 있다. 특히 루이 12세와 브레타뉴의 안네는 단순한 석관이 아니라 로마 건축 양식을 모방한 독립 석조 건물에 안치되어 있다. 이 부부의 신심을 기리기 위해서 무릎 꿇고 기도하는 모습이 무덤 위에 조각되어 있고, 지혜, 용기, 절제, 정의라는 그리스의 4추덕이 여인의 모습으로 네 귀퉁이에 아름답게 조각되어 있어 시선을 사로잡았다. 예외적으로 카를 대제의 조부인 카를 마르텔 궁재宮宰나 게슬렝의 베르트랑(Bertrand du Guesclin, 1380년 사망) 이외에 4명의 귀족도 그들의 공로를 인정받아 왕의 명령으로 이곳에 함께 안장되었다. 프랑스 대혁명 이후 1793년 여러 무덤이 파괴되거나 약탈되었지만, 부르봉 왕조가 부활한 후에 루이 18세의 명령에 따라 다시 발견된 유해들은 수리된 석관에 보존되어 이곳에 다시 전시되고 있다.

　생드니 대성당이야말로 노트르담 대성당, 생샤펠과 함께 토마스가 파리에서 공부하고 교수로 활동하던 시기를 간접적으로 느낄 수 있게 해주는 최적의 장소일 것 같아 파리를 방문하는 이들에게 꼭 추천하고 싶다.

서양 지성사의 금자탑
『신학대전』

## 새로운 시대를 위한 교육 기획가

1259년 봄에 토마스는 파리를 떠나면서 파리와 쾰른의 중간에 있는 발랑시엔Valenciennes의 총회에서 연설했다. 그 연설 후 토마스는 네 명의 다른 파리대학 출신 스승들, 즉 대 알베르투스, 본옴므 Bonhomme, 헤스딘의 플로렌트Florent of Hesdin, 타랑테즈의 베드로 (Peter of Tarantaise, 후에 교황 인노첸시오 5세)와 함께 도미니코회 교육 규정을 작성하는 특별위원회에 임명되었다. 이 규정은 철학 교육의 중요성, 도미니코회 관구 내에 인문 교육기관 설립, 교수를 보조하는 학사들의 필요성, 연구를 위해 다른 의무들을 손쉽게 면제받는 일의 중요성 등을 강조했다. 이것은 자유학예에 대한 대학 교육을 받지 못한 많은 젊은이가 수도회에 들어왔고, 1255년 아리스토텔레스에 대한 강의 금지령이 해제됨으로써 철학 교육을 수도원 안에서도 강조할 필요성이 생겼기 때문이다. 이미 알베르투스는 '모든 수단을 동원해서 철학의 사용과 투쟁하려는 무식한 자들', '그들이 알지 못하는 것을 모욕하는 짐승들'을 거슬러서 개인적인 전투를 벌이고 있었다. 토마스는 그렇게 강하게 충돌하지는 않아도 같은 확신을 공유하고 있었다. 이 규정 안에서 파리대학 출신 교수들은 신학 공부를 위한 전제 조건으로서 철학 교육의 필요성을 강조했다.

발랑시엔 총회 이후에 토마스는 이탈리아로 돌아가서 그 후 10년 동안 머물렀다. 이때부터 토마스는 생애를 마칠 때까지 같은 장소에서 같은 역할로 2년이나 3년 이상을 머물지 않았다. 이탈리아에서의 첫 시기에 그가 정확하게 어느 장소에 머물렀는가를 규정하기란 어렵다. 많은 학자는 1259년부터 1261년 사이에는 교황 알렉산데르 4세의 말년 동안 교황청이 있던 아나니Anagni에서 가르쳤을 것으로 추정한다. 그러나 처음 1년 반 동안은 자신의 고향 관구인 나폴리에 머무르면서 『대이교도대전』을 작업했을 가능성도 배제할 수 없다. 토마스가 로마 관구에 도착하자마자 그에게 레지날도 피페르노가 '만년 비서socius continuus'로 배정되었다.

1260년 9월 14일 그는 오르비에토에서 열린 관구 회의에 참석했고, 거기서 오르비에토 관구의 신학교장lector으로 임명되었다. '철학의 각별한 후원자요 증진자', 무엇보다도 동방 교회를 로마와 화해시키는 데 지대한 관심을 가지고 있던 교황 우르바노 4세(Urbano Ⅳ, 1195?~1264, 재위 1261~1264)는 1262년 오르비에토에 머물고 있었다.

그런데 오르비에토에서 토마스가 맡았던 역할은 그의 파리대학 교수 출신이라는 경력에 비해서는 매우 소박한 것이었다. 그의 직책은 적어도 보편적인 인문교육이 이루어지는 '일반 학원Studium generale'도 아닌 수도회 신학교의 교장이었기 때문이다. 그러나 토마스는 자신의 소박한 역할에 대해 불평하지 않고 교육의 질을 높이는 데만 골몰했다. 당시 발랑시엔 총회의 결정에 따라 수도회 전체의 지적 수준을 골고루 높이고자 하는 계획이 진행되고 있었다. 뚜렷한 기록은 없지만, 아마도 토마스는 자신의 입장에서 이러한 직책도 기꺼이 받아들였을 것이다.

그 대신에 오르비에토의 교황청 도서관은 새로운 자료, 특히 교부들에 대한 자료를 찾으려는 토마스의 호기심을 잘 충족시켜 주었을 것이다. 토마스는 교황 우르바노 4세로부터 다양한 과제를 부여받았고 이를 위해 교부 문헌들에 대한 집중적인 원천 연구가 필요했다. 예를 들어 교황 우르바노 4세는 비잔틴 제국의 황제 미하일 8세 팔레올로고스(Μιχαήλ Η' Παλαιολόγος, 1223~1282, 재위 1261~ 1282)와 함께 서방 교회와 동방 교회의 화해에 대해서 협상했다. 교황 측의 협상자들 중 하나인 니콜라스 두라쪼Nicholas Durazzo는 그리스 교부들이 텍스트들을 요약한 소책자를 만들어 냈는데, 이것이 협상에 부담을 주는 것처럼 보였다. 토마스는 이 소책자에 대해서 평가서를 제출하라는 명을 받았다. 이런 과정에서 나온 『그리스인의 오류에 대한 논박Contra errores graecorum』이라는 책은 토마스가 텍스트를 해석할 때 가지고 있던 역사적인 의식을 흥미롭게 보여 주고 있다. 더 나아가 1264년 처음으로 도입된 성체 현양 축일과 관련된 찬미가와 여러 기도들(Tantum ergo가 포함된 'Pange lingua' 'Lauda Sion' 등)도 교부 문헌 연구에 바탕을 두고 있다.

이 시기에 저술된 저서 중에서 신약성서의 4복음서에 대한 개념 주해Glossa『황금 사슬catena aurea』은 별도로 언급할 가치가 있다. 이것은 교황 우르바노 4세가 저술하도록 명을 내린 책이다. 이 책에서 인용된 57번의 그리스 교부 인용들 중에서 대부분은 토마스가 인용하기 이전까지 서방에는 잘 알려지지 않았던 내용이다. 이 작품에서 토마스가 그리스 교부들로부터 많은 것을 배웠음이 잘 드러나며, 그가 신으로부터 오는 지혜를 추구하기 위해서 얼마나 노력했는가에 대한 값진 진술도 포함되어 있다. 앞선 파리 관련 일화에서도 나타났듯이, 토마스의 마음을 사로잡는 것은 더 명확한 진리에 도달하기 위한 소중한 문헌들이었다. 더욱이 토마스는 오르비에토에서 교부 문헌뿐만 아니라 아리스토텔레스와 다른 고대 문헌에 관한 더 정확하고 나은 그리스어 저작들의 번역을 접할 수 있었다. 많은 사가는 토마스가 우르바노 4세의 궁정에서 당대 최고의 번역자였던 도미니코회 동료 모에르베케의 윌리엄 (William of Moerbeke, 1215?~1286)을 만나서 번역을 부탁했다고 추정했다. 그러나 일부 학자들은 윌리엄이 이 시기에 아직도 그리스에 남아 있었기 때문에 교황궁에 살았다는 증거가 하나도 없으며, 따라서 우르바노 교황의 명령에 따라 그들 사이에 추진된 공동 작업 같은 것은 더더욱 있을 수 없었다고 주장하기도 했다.

교황으로부터 다양한 과제를 부여받아서 성공적으로 해결했지만, 토마스의 일차적 과제는 오르비에토의 도미니코회 신학교장으로서 그 공동체에게 성서를 강의하는 것이었다. 그는 욥기에 대한 중요한 주해서를 저술했는데, 이 책에서는 실제로 아리스토텔

**아나니의 숙소에서 바라본 일출 전의 장관**

지금은 산 위에 있는 자그마한 중세의 마을이지만, 중세 시대에는 무려 4명의 교황을 배출하고 교황의 여름 별장이 있었던 주요 도시였다. 제4차 십자군을 주도한 가장 강력한 권력을 지녔던 인노첸시오 3세와 그레고리오 9세, 보니파시오 8세 이외에도 토마스 아퀴나스와 직접 관련된 알렉산더 4세도 이 도시 출신으로 종종 이곳에 머물렀다. 토마스는 알렉산더 4세의 요청으로 여러 차례 이곳에 머물렀지만, 주목할 만한 기록은 남아 있지 않다.

서양 지성사의 금자탑 『신학대전』

레스가 여러 곳에서 인용되고, 예견豫見에 대한 문제가 상세하게 다루어지고 있다. 또한 이곳에서 강의하며 삼위일체론과 그리스 도론 관련 질문들에 관한 그리스 교부들과 공의회 문헌들을 취급 했다. 전기 작가 토코의 윌리엄은 토마스의 놀라운 집중력과 학문에 대한 열정을 보여 주는 일화를 전해준다. 토마스가 『대이교도 대전』을 저술하던 당시에 그는 종종 감각을 느끼지 못했는데, 한 번은 밤에 구술하다가 촛불이 다 타서 그의 손가락에 닿을 때까지 느끼지 못하고 저술에 집중했다는 것이다.

## 비테르보 방문

토마스가 이탈리아에서 교수로서 활동했던 장소들을 방문하기 위해서 우리는 우선 아나니Anagni에 묵었다. 어두워서 풍광이 전혀 보이지 않던 숙소에서 다음 날 아침 운무가 걷히면서 나타난 장관은 도저히 잊히기 어려울 만큼 아름다운 광경이었다. 아나니가 주변 마을들보다 뚜렷하게 높은 곳에 위치했기 때문에 모든 곳을 내려다 볼 수 있는 천혜의 요새처럼 보였다. 그럼에도 불구하고 이곳은 토마스가 죽은 뒤 30년쯤 뒤에 가장 강력하게 교황권을 주장하던 교황 보니파시오 8세(Bonifacius VIII, 1235~1303, 재위 1294~1303)가 프랑스 국왕 필립 4세(Philippe IV, 1268~1314)가 보낸 고문 기욤 드 노가레에게 뺨을 맞음으로써 교황의 권위가 실추되기 시작한 장소였다. 일부 학자는 토마스가 이곳에 있는 교황청 근처에서 강의

**아나니의 교황청 박물관에 소장된 보니파시오 8세의 조각상**

교황 보니파시오 8세는 과도하게 길게 묘사되어 있는 삼층관처럼 교황권의 마지막 전성기를 누렸던 인물이다. 프랑스왕 필리프 4세와 지속적으로 충돌하다 그의 고문인 노가레에 의해서 이 교황궁에 연금된 상태에서 빰을 맞는 사건이 벌어졌다. 아나니 시민의 도움으로 풀려났지만 그 충격을 극복하지 못하고 바로 사망하고 만다. 소위 이 '아나니 사건' 이후 교황권은 점차 쇠퇴하며 아비뇽 유수로 이어지게 된다.

**비테르보의 성 로렌초 대성당 야경**

성 로렌초 대성당은 비테르보에 있는 교황궁과 함께 중세의 분위기를 물씬 풍기고 있다. 11세기부터 존재했던 대성당은 16세기에 지금과 같은 모습으로 재건되었다. 대성당은 밤중에도 기도하는 이들을 위해 열려 있었지만, 깊은 어둠에 잠겨 있었다.

했을 것이라 추정했지만, 정확한 기록으로 확인할 수 없어서 바로 다른 도시들을 향해 떠났다.

아나니를 떠난 우리는 방향을 북쪽으로 잡아 토마스 아퀴나스의 체류지로 알려진 비테르보와 오르비에토 쪽으로 향했다. 먼저 도착한 곳은 더 남쪽에 있는 비테르보Viterbo였다. 도착한 시간이 저녁때라 서둘러서 성로렌초 대성당Cattedrale di San Lorenzo을 찾았다. 대성당 문은 열려 있었지만 대성당 안은 단 한 곳의 경당을 제외하고는 완전히 암흑 상태였다. 천천히 불이 켜져 있는 경당으로 들어가 보았다. 아마 밤에도 기도하고 싶어 하는 사람들을 위해 밤늦게까지 불을 밝혀 놓은 듯했다. 그 옆 또다른 조명이 비치는 곳에는 교황들의 체류지였다는 것을 알려 주려는 듯 교황 요한 21세John XXI의 무덤이 침묵 속에 잠겨 있었다. 그 옆에는 오랜 연류을 드러내는 프레스코화들에 둘러싸인 마돈나상이 찾아오는 순례자들을 맞고 있다.

이번 여행에서는 순례하는 성당들마다 선물같이 특별한 대우를 받아서인지 암흑 속에 덮여 있는 성로렌초 대성당은 의외였다. 기도하는 이들을 위해 성당을 개방해 놓으려면 적어도 기본적인 조명은 해 놓아야 할 것 같았기 때문이다. 나는 갑자기 아나니에서 본 권력 추구형 교황들이 교회 안으로 가지고 들어온 암흑이 연상되었다.

대성당을 나와서 바로 교황궁이 있는 쪽으로 발길을 돌렸다. 매우 커다란 광장을 대성당과 함께 쓰게 되어 있는데, '교황궁Palazzo papale'이라는 표지판에 상세한 설명이 나와 있었다. 커다란 아치

## 비테르보 교황궁

교황궁이라기보다 성채처럼 보이는 건물. 커다란 아치 위를 장식하고 있는 테라스가 정교한
조각으로 장식되어 있다.

위에 아름답게 장식된 테라스가 놓여 있고 그 양옆으로는 성채처럼 보이는 교황궁이 자리잡고 있었다. 저녁인데도 젊은이들과 가족들이 그 궁을 배경 삼아 놀고 있는 모습이 평화로워 보였다.

토마스와 관련된 장소나 건물을 특정할 수 없었던 아나니와는 달리, 비테르보에서는 교황청에서 여러 가지 과제를 맡았다는 기록 이외에 토마스 아퀴나스의 연설과 관련된 값진 장소가 있었다. 그래서 그곳을 찾아 어두운 비테르보의 골목길을 걸어가 보았다. 드디어 찾아낸 곳은 '성마리아 누오바 성당Santa Maria Nuova'이다. 좁은 골목길 끝에 있는 작은 광장에 자리잡고 있는 성당은 이탈리아 마을에서 흔히 보는 시골 성당의 모습을 하고 있었다. 여기서 중요한 것은 실내가 아니라 정문의 오른쪽에 소박한 형태로 장식되어 있는 석제 설교대였다. 하나의 기둥 위에 육각형 모양의 설교단이 성당 벽면에 붙어 있었다. 바로 이곳에서 도미니코회의 대표 설교가였던 토마스 아퀴나스가 1266년에 설교를 했다는 기록이 남아 있기 때문이다. 이 시기에 토마스는 이미 로마의 산타 사비나에서 교수로 활동하고 있었기 때문에 이곳에서 설교했다면 비테르보에 있는 교황이 특수한 과제를 위해 불러서 온 김에 이 작은 설교대에서 설교를 했을 것이다. 토마스가 나폴리에서 도미니코회에 입회하게 된 것도 길거리에서 설교하는 선배 수사들의 설교에 감명을 받아서였고, 도미니코회는 '설교자들의 수도회'라는 그 이름에서도 나타나듯 설교를 매우 중시했다. 그렇지만 직접 토마스가 설교했던 장소에 와보니, 도대체『신학대전』등에 나오는 그 심오한 신학 내용을 대중들에게 어떻게 설교했을지가 궁금해

**성 마리아 누오바 성당**

성당 정문의 오른쪽에 소박한 형태로 장식되어 있는 석재 설교대에서 토마스 아퀴나스가 1266년에 설교를 했다는 기록이 남아 있다. 성당 앞에 작은 광장이 자리 잡고 있어서 많은 사람이 그의 설교를 들을 수 있었을 것이다.

졌다. 성당 바깥벽에 붙은 자그마한 설교대에 거구의 토마스가 올라갔을 때 모여 있던 대중들 대부분은 아리스토텔레스 철학에 대해서는 일자무식한 일반 서민들이었을 것이기 때문이다. 그들에게 토마스는 어떤 주제를 가지고 어떻게 설교해서 감동을 주었을까? 요즘에도 철학 개념만 들어도 골치 아파하는 이들에게 토마스 아퀴나스 사상의 핵심을 전달하는 일이 쉽지 않은데, 저자 자신에게 특별 강의라도 청해 듣고 싶은 마음이 들었다.

성마리아 누오바 성당 문도 열려 있어서 들어가 보니 아무런 장식도 없이 매우 소박하게 보이는 로마네스크 양식의 성당이었다. 옆 벽면은 고색창연한 프레스코화로 장식되어 있고, 특히 제대 전체를 감싸는 12사도의 목제 부조가 눈에 들어왔다. 성당 벽면에는 히에로니무스 성인의 경당이 있는것으로 보아 그가 번역한 불가타 성서를 토대로 토마스는 서민들에게 성서의 핵심을 가르쳤을 것이다. 어둠 속에서 둘러보았지만, 토마스가 교황궁의 화려한 장식들과 대조되는 일반 서민들의 일상 속에서 설교했을 것을 떠올리니, 보다 많은 이에게 복음을 전하고자 하는 그의 순수한 열정이 느껴졌다.

성당 밖으로 나와 다시 한번 설교대를 둘러볼 때 어느덧 달이 보름달에 가깝게 부풀어 있는 것이 눈에 들어왔다. 교황이 불러서 아나니, 비테르보 등에 왔지만 그들의 화려한 교황궁과 사치스러운 생활에 대해서는 관심을 두지 않았을 토마스의 모습이 떠올랐다. 그가 권력에 대해 조금이라도 관심이 있었다면 이런 작은 시골 성당에 와서 설교를 하기보다 교황청 주변을 오가는 많은 권력

자와 교제하고 있었을 것이다. 권력 투쟁이 난무하는 교황청을 드나들면서도 오히려 서민들에게 설교하는 기회를 이용해서 최대한 복음의 기쁨을 전하려고 애썼을 토마스의 모습 덕분에 교황청과 관련된 권력 투쟁의 씁쓸함을 조금이라도 지울 수 있었다.

성로렌초 대성당을 제대로 보지 못한 아쉬움을 가지고 비테르보의 밤길을 걷고 있을 때, 갑자기 환하게 불빛이 밝혀 있는 성당이 눈에 들어왔다. 별생각 없이 '성 요한'에게 봉헌된 성당 안으로 들어갔을 때, 여러 사람이 성탄 구유를 만들기 위해서 열심히 토론하며 작업을 진행하고 있었다. 혹시라도 방해가 될까, 촬영하는 것이 실례가 아닐까 하는 순간, 관리자로 보이는 한 사람이 다가오더니 꺼져 있던 제대 뒤의 불까지 환하게 켜주는 것이 아닌가? 제대 뒤에는 어둠 속에서 보지 못했던 화려하게 장식된 매우 큰 성가대석이 놓여 있었다. 그곳을 촬영하고 있는데 관리자가 우리에게 다가오더니 천장화를 가리키면서 설명하기 시작했다. 제대 앞에서 오른쪽과 왼쪽으로 움직이면서 바라보니 우리가 움직이는 방향으로 천장화의 기둥들이 입체적으로 다가오는 것처럼 보였다. 우리를 인도하는 관리자를 따라 정문 쪽으로 걸어가니 정문 위에 있는 천장화의 여러 기둥이 훨씬 더 크게 늘어나 보였다.

과거 유학 시절 바로크 형식의 프레스코들에서 사람의 시선을 따라 움직이는 그림들을 여러 차례 본 바 있지만, 이렇게 뚜렷하게 그 차이를 느낄 수 있는 그림들을 본 적은 거의 없을 정도였다. 한껏 기대했던 비테르보 대성당에서 느끼지 못했던 감동을 지나치다 우연히 들린 성 요한 성당에서 그것도 생면부지의 관리자의

**신자들의 활발한 활동과 친절을 체험했던 비테르보의 성 요한 성당**

성 로렌조 대성당에서 느끼지 못했던 살아있는 신앙 공동체의 느낌을 지나가던 길에 우연히
마주친 '성 요한 성당'에서 말구유를 만들던 신자들에게서 느낄 수 있었다.

도움과 설명으로 만난다는 사실이 참 우리의 인생과 같았다. 선물처럼 다가온 성 요한 성당의 천장화를 바라보며 감사와 감동의 마음을 한가득 안고 바깥으로 나왔다.


## 오르비에토 방문


로마 근교 순례 여행의 마지막 날을 토마스 아퀴나스가 1261년부터 1265년까지 도미니코회 신학교장으로 활동했던 오르비에토로 잡았다. 오르비에토도 옛 시가가 모두 외부인 통행 제한 구역 TLZ으로 묶여 있다. 기차 등에서 내린 대부분의 관광객들은 유명한 푸니쿨라를 타고 높은 곳에 있는 오르비에토에 올라오거나 그 근처 주차장에 차를 세우게 된다. 우리는 순례를 위해 가장 중요한 장소인 '산 도메니코 대성당San Domenico'에서 가까운 주차장에 차를 세우고 성문 안으로 걸어 들어갔다. 조각난 돌로 깔끔하게 포장된 길을 따라 걸을 때 지나가는 차들을 피해야 했지만 7~8분 만에 곧바로 황토색 벽돌로 이루어진 오리비에토의 성도미니코 대성당에 도달할 수 있었다. 아랍식 얼룩무늬 아치로 장식된 정문을 통해 안으로 들어가자, 13세기에 지어진 도미니코회의 최초 성당 중 하나로 생각하기 힘들게 비대칭의 이상한 구조를 지니고 있었다. 본래는 매우 큰 성당이었는데 이탈리아의 파시스트 시절 '여성 아카데미'를 건설한다는 이유로 옛 성당의 본랑本廊, 즉 십자가 모양의 긴 쪽 부분을 모두 철거하고 그쪽 벽면을 벽돌로 막아

**오르비에토의 산 도메니코 대성당**

오르비에토의 산 도메니코 대성당에서 토마스 아퀴나스가 가르쳤던 도미니코 수도회의 흔적을 찾아보았다.

버렸기 때문이다. 그래서 정문에 들어가며 보이는 현재의 제대와 신자석은 과거의 교차 회랑transcept, 즉 십자가의 짧은 부분에 해당되고, 본래 성당의 주 제대는 지금 측면의 경당 위치에 놓이게 된 것이다. 그래서 오히려 측면 경당의 역할을 하는 곳에 있는 제대가 현재의 주제대보다 더 커 보이는 이상한 구조를 지니고 있었다.

구조의 이상함을 충분히 상쇄할 수 있는 것은 바로 들어가자마자 오른쪽에 보이는 '토마스 아퀴나스 경당'이었다. 널찍하게 자리 잡은 경당의 한복판에는 매우 오랜 역사를 지닌 나무 십자가가 걸려 있었다. 이곳 오르비에토 사람들의 설명에 따르면, 십자가의 예수님이 토마스에게 이렇게 물으셨다고 한다. "토마스야, 너는 나에 대해서 참으로 잘 썼다. 어떠한 보상을 원하느냐?" 토마스는 이렇게 답했다고 한다. "당신 이외에는 다른 아무것도 원하지 않습니다." 이곳 사람들은 이 유명한 일화가 바로 이 오르비에토의 십자가 밑에서 이루어졌다고 믿고 있었다.

경당의 오른쪽에는 많이 손상된 프레스코화가 남아 있었다. 이 경당이 중요한 이유는 그 반대편에 있는 옷장 모양의 거대한 목제 가구 때문이다. 이 가구의 기능은 놀랍게도 바로 강의용 의자이다. 토마스 아퀴나스가 1261년부터 1265년까지 도미니코회 신학교장 역할을 맡고 있을 때 이 의자에 앉아 권위 있게 강의를 했다는 것이다. 그 사실이 의자의 표면과 벽면에 여러 차례 강조되어 적혀 있었다. 토마스는 이곳에서 '일반 학원'에나 어울리는 가장 높은 수준의 교육과정에 따라, 단순히 설교에 필요한 성서 주해뿐

**오르비에토 산 도메니코 성당의 토마스 아퀴나스 경당과 목제 의자**

정문으로 들어가서 오른쪽에 있는 토마스 아퀴나스 경당에는 토마스에게 말을 걸어 오셨다
는 십자가가 눈에 들어온다. 그 옆에는 옷장 모양의 거대한 목재 가구가 있는데 이 의자에 앉
아 토마스가 권위있게 강의를 진행했다고 전해진다.

만 아니라 철학과 다른 인문학까지 포괄하는 수준 높은 강의를 했다. 이곳에서의 소중한 교육 경험은 『대이교도대전』이나 『신학요강』 등으로 집약되었고, 나중에 산타 사비나에서 『신학대전』이라는 거대한 저술을 기획하는 계기가 되었을 것이다. 대성당 안에 아무도 없는 덕분에 나는 토마스 아퀴나스의 강의용 의자에 손을 올리고, 내가 공부하고 체험한 내용들을 학생들이나 내 강연을 듣는 청중에게 잘 전달할 수 있는 은사를 주시도록 청했다. 토마스 아퀴나스 경당 앞에는 동시대 인물로 수많은 교황 선출에 관여했던 기욤 드 브레(Guillaume de Bray, 1200?~1282) 추기경의 영묘가 화려하게 꾸며져 있었다.

대성당에서 나와 시내 쪽으로 걸어 들어가면서 바깥에서 살펴보니 산 도메니코 대성당의 옆 측면은 어색하게 잘려 있었고, 작은 길을 사이에 두고 소위 '여성 아카데미'를 위해 새로 건립된 거대한 건물은 현재 군부대 건물로 사용되고 있었다. 유서 깊은 수도원이 흔적도 없이 사라진 것이 아쉬웠지만, 토마스가 직접 사용했던 가구를 만난 것이 나름대로 위로가 되었다.

토마스가 파리대학의 교수로 명성을 날리다가 상대적으로 작은 오르비에토 신학교장으로 오게 된 데에는 오르비에토에 머물고 있던 교황 우르바노 4세의 영향이 컸다. 그는 토마스를 직접 교황청 직속 교수로 임명하지는 않았지만, 언제든지 불러서 자문할 수 있는 이 도시에 머물 것을 토마스에게 요구했을 것이다. 교황청이 있던 중세의 주요 도시였다는 사실을 잘 보여 주는 것이 바로 오르비에토 대성당이다. 책에서만 보던 대성당을 직접 볼 수 있다는 설렘을 가지고 대성당 쪽으로 걸어가 보았다. 이미 멀리서 그 측면만을 바라보아도 웅장하던 대성당은 정면 쪽의 파사드를 바라보자 절로 감탄이 나왔다. 일기 예보에 따르면 비테르보와 오르비에토에서 비를 맞을 수도 있었는데, 밤중에만 비가 오고 우리가 순례하는 동안에는 항상 파란 하늘이 우리를 맞아 주었기 때문에 파란 하늘을 배경으로 우뚝 서 있는 밝은 빛의 오르비에토 성당은 그 자체로도 너무나 아름다웠다. 우리는 마음을 추스르기 위해 성당 앞 카페에서 하염없이 성당을 바라보며 카푸치노를 한 잔씩 마셨다. 이런 명당에서 단 2유로에 아무런 제한 없이 이 광경을 즐길 수 있다는 것이 비현실적으로 다가왔다.

잠깐의 휴식 후, 서서히 대성당으로 다가가니 정문과 좌우 측문의 비례가 아름다운 대성당의 서쪽 전면을 상세하게 바라볼 수 있었다. 성모영보 또는 수태고지라는 이름이 붙은 성당이지만 정문 위에는 성모 마리아가 천상모후의 관을 쓰는 모습이 조각되어 있었다. 그리고 양옆으로는 인간으로 상징된 마태오 복음사가, 사자로 표현된 마르코 복음사가, 독수리로 표현된 요한 복음사가, 황소로 표현된 루카 복음사가의 조각이 두드러지게 눈에 들어왔다. 육중한 청동 조각으로 뒤덮인 정문 주위의 기둥은 아름다운 기하학적 문양으로 장식되어 그 화려함을 더했다. 그 위로는 일반적인 고딕 양식처럼 조각으로 표현된 것이 아니라 아름다운 모자이크로 마리아와 예수님의 생애 주요 장면이 표현되어 있었다. 이런 아름다운 모습이 시에나 대성당을 모방한 것이라는 설명을 보니 아직 가 보지 못한 시에나도 꼭 방문해 보고 싶어졌다.

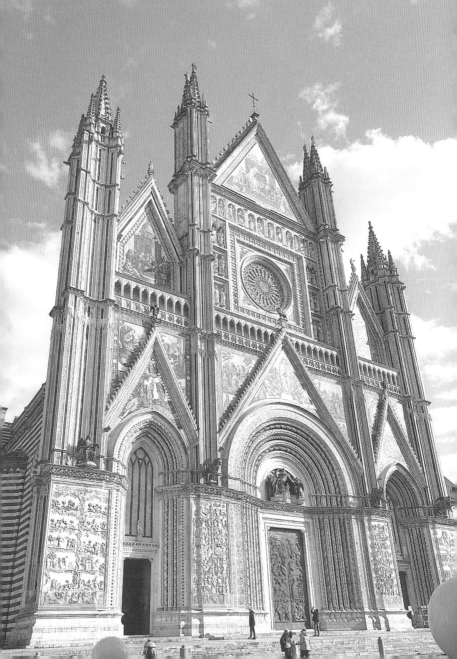

**오르비에토 대성당의 서쪽 파사드**

내용오르비에토 대성당은 볼세냐의 성체 기적이 일어난 후 순례객들이 증가하면서 1290년부터 1607년까지 무려 300년에 걸쳐 건립되었다. 세상에서 가장 아름다운 성당 중에 하나로 칭송받고 있는 성당의 서쪽 사면은 방문객들의 감탄을 자아낸다.

### 오르비에토 대성당의 서쪽 파사드 세밀화

오르비에토 대성당의 서쪽 사면은 무척이나 아름다운 조각과 벽화들로 화려하게 장식되어 있다. 전체적인 주제는 성모 마리아의 일생을 수태고지(성모영보)부터 천상 모후의 관을 쓰는 모습까지 섬세하게 묘사하는 것이다.

이탈리아의 일반적인 대성당이 무료입장할 수 있는 것과는 달리 오르비에토 대성당은 앞쪽 매표소에서 1인당 5유로의 입장료를 내야 입장이 가능했는데, 직접 안에 들어가고서야 이런 낯선 입장 시스템의 이유가 분명해졌다. 입장료가 있는데도 단체로 온 고등학생 입장객들을 비롯해서 이번 순례기간 동안 이제까지 성당 안에서 만난 가장 많은 인파를 만났다. 안타깝게도 강제로 단체 입장한 학생들이어서 그런지 선생님이나 가이드의 설명에는 귀를 기울이지 않고 이리저리 몰려다니며 떠드는 모습이 일반 순례객들에게 크게 방해가 될 정도였다. 사실 겨울철 비수기라 입장객이 현저하게 적은 상황인데도 이제까지 방문했던 모든 성당을 거의 독점해 온 우리에게 그 혼잡함은 방해가 되었다.

대성당의 내부는 로마네스크 양식의 기본적인 원형아치 기둥을 아랍풍의 반복된 무늬로 아름답게 장식했고, 드높은 천장은 일반적인 이탈리아 성당들처럼 목재로 마감이 되어 있었다. 섬세하게 조각된 12사도가 늘어선 본랑을 따라 들어가니 두드러지게 눈에 띄는 두 조각상이 눈에 들어왔다. 그중에서도 왼쪽 편의 아름다운 여인상이 눈에 들어왔다. 어떤 모티브인지 바로 이해가 되지 않아 의문이 들었을 때, 오른편에 있는 천사상을 보고서야 그 조각상이 누구인지 파악할 수 있었다. 바로 가브리엘 천사가 하느님의 아들을 잉태하리라는 사실을 알려 주었을 때, 젊은 동정녀 마리아가 두렵고 놀라서 바라보는 모습을 조각해 놓은 상이었다. 주로 다소곳이 '(당신의 뜻이) 이루어지소서(Fiat!)'라고 대답하는 모습에 익숙했던 나로서는 매우 매력적인 자태로 한껏 놀라움을 표현

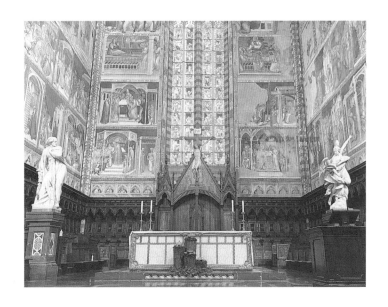

**오르비에토 대성당의 제대를 장식하고 있는 천사와 마리아의 조각상**

중앙 제대 옆에 서 있는 두 조각상이 매우 인상적이다. 성모 마리아의 잉태를 알리는 천사의 소식을 들을 마리아가 두렵고 놀라는 모습을 아주 생동감 있게 그려 준다.

하고 있는 동정녀 마리아의 조각상이 매우 신선하게 느껴졌다. 그러나 다른 한편으로 역사상 일어난 적이 없던 놀라운 일을 들은 인간의 너무나 자연스러운 반응이었을 것이라는 생각이 들었다. 제대 뒤로는 고딕식 작은 스테인드글라스 옆으로 성모님의 생애가 탄생부터 천상 모후의 관을 쓰는 완성에 이르기까지 매우 화려한 프레스코화로 가득 그려 있었다. 이 그림들은 그러나 사실 예고편에 불과했다.

중앙제대 옆의 매우 큰 경당 안에 관광객들이 가득했다. '성브리지오Brizio 경당'이라고 불리는 곳으로 들어가니 바로크 양식으로 화려하게 장식된 중앙 제대 주위로 천장과 벽면을 가득 메운 프레스코화가 관중들을 압도하고 있었다. 이 프레스코화는 그 유명한 프라 안젤리코(Fra Angelico, 1390?~1455)가 시작했지만 그는 천장화를 완성하는 것으로 만족해야 했다. 그럼에도 교회의 박사들, 사도들, 예언자들 등으로 천국에 입장한 다양한 의인들의 모습은 경탄할 만했다. 프레스코화를 완성하는 일을 이어받은 것은 바로 '루카 시뇨렐리'(Luca Signorelli, 1441~1523)라는 화가였다. 이 화가는 내가 평화방송에서 소개했던 '몬테 올리베타노 대성당'에 있는 베네딕토 성인의 일생을 그렸던 화가여서 낯설지는 않았다. 신의 심판에 대한 두려움을 생각하여 회개하도록 권고하는 묵시 문학적인 주제를 육신 부활, 천국과 지옥, 적 그리스도Anti Christ의 세 부분으로 나누어 표현됐다.그러나 그 그림들과 이곳에 그려 있는 최후의 심판에 대한 묘사는 생동감에서 많은 차이가 있어 보였다. 이미 그 자체로 생동감이 넘치는 단테 알리기에리(Dante Alighieri, 1265

~1321)의 『신곡』을 모티브로 삼아서였을까? 실제로 시뇨렐리는 경당의 한 벽에 단테의 초상화를 그려 넣어서 그에게 영감을 준 작가에게 존경을 표하고 있었다. 르네상스에 유행하던 해부학적인 인체 표현이 인상적이었다. 과거에는 상상할 수 없었던 표현, 즉 시신의 뼈들과 해골이 널브러진 가운데 새로운 생명으로 피어나는 건장한 나체의 인간이 등장하는 모습은 공동묘지의 괴기함이 아니라 새로운 희망이 담겨 있는 것으로 느껴졌다. 그런데 지옥에 던져지는 인물들이나 천국에 받아들여진 인물들에 대한 구체적인 인체 묘사 등은 매우 친숙하게 느껴졌다. 아니나 다를까, 미켈란젤로는 시스티나 경당의 최후 심판 광경을 그릴 때 이 시뇨렐리의 화풍에 많은 영향을 받았다고 한다. 더욱이 나중에 오르비에토 거리를 걷다가 지그문트 프로이트(Sigmund Freud, 1856~1939)의 이름이 새겨진 명판이 보여서 찾아보니, 프로이트도 시뇨렐리의 프레스코화를 보고 충격을 받아서 오르비에토를 세 차례나 찾아온 적이 있었다. 그러나 유대인에 대한 묘사가 매우 부정적이었던 데에 큰 충격을 받은 탓인지 그 화가의 이름을 잊어버린 현상에 착안해서 '시뇨렐리 망각 현상'이라는 심리학적 개념까지 발전시켰다고 한다.

경당 왼편에는 그리스도의 무덤 모양이 깊이 파인 벽감 안에 위치해 있었고, 오른편에 있는 바로크 풍의 화려한 금빛으로 장식된 벽감에는 독특하게도 세례자 요한과 요한 복음사가가 함께 그려 있었다. 이름이 동일한 두 성인을 함께 그린 모습은 자주 보지 못해서 모티브가 참신해 보였다.

**오르비에토 대성당 내 브리지오 경당의 벽화**

오르비에토 대성당에 들어설 때 입장료를 받을 정도로 유명하게 만든 것은 바로 성 브리지
오 경당을 장식하고 있는 프라 안젤리코와 루카 시뇨렐리의 벽화 때문이다. 최후 심판의 모
습을 묘사한 벽화와 천장화는 들어서는 이들을 모두 매료시킬 정도로 생생하다. 시뇨렐리의
생동감 있는 벽화들은 이곳을 방문했던 미켈란젤로에게도 매우 큰 영향을 미쳤다.

경당을 가득 메운 관객들을 피해서 반대쪽 경당으로 가는데 시선을 끄는 조각상이 있다. 십자가에서 내려진 예수 그리스도를 품에 안고 있는 성모님 뒤에, 아마도 십자가에서 내리는 것을 도왔던 한 노인이 사다리 옆에서 침통한 표정을 짓고 있다. 어쩔 수 없이 자신의 소명은 다하지만 그것을 통해서 일어난 일에 대한 안타까움을 표현하려 한 것일까? 여순 감옥에서 안중근 의사에게 감동을 받았던 일본인 간수의 모습이 겹쳐 보였다. 계속 걸어서 경당으로 입장하려는데, 표지판에 그곳은 일반인에게도 공개되어 있으니 출구로 나가서 북쪽 측면에 있는 다른 출입구를 이용하란다. 이를 통해서 받은 느낌은 이 대성당의 입장료는 대성당 때문이 아니라 바로 시뇨렐리의 그림을 품고 있는 성 브리지오 경당을 위한 것이라는 생각이 들었다. 입장료를 받지 않는 바깥쪽에 다른 유명한 경당을 배치한 것은 적어도 종교적인 이유로 들어오는 이들이 자유롭게 기도할 수 있도록 배려한 것이었을까?

성당 밖으로 나가서 다시 경당 문 안으로 들어가자 반대쪽 경당과는 대조적으로 마침 텅 비어 있었다. 이 경당은 1263년 볼세나에서 일어났던 성체 기적을 기념하기 위해서 지어진 것이다. 13세기는 성체 신심이 강화되던 시기였는데, 성체와 성혈이 그리스도의 몸으로 변화하는지 의심을 지니고 있던 사제 베드로가 신앙을 추스르기 위해 1263년 프라하에서 로마로 순례를 나섰다. 도중에 볼세나를 방문하게 되었는데 산타 크리스티나 성당에서 성체성사에 참여하던 중 베드로는 재차 의심의 마음을 품는다. 그러나 그가 받은 성체를 찢던 순간에 그 성체에서 피가 흘러 내려 제대에 깔려있던 성체포와 바닥의 대리석까지 적셨다. 너무 놀란 사제는 핏방울이 떨어진 성체포를 오르비에토에 체류 중인 교황 우르바노 4세에게 보내어서 기적이 맞는지 확인을 요청한다. 심사 결과 기적으로 인정되면서 그 성체포는 오르비에토 대성당에 보관되고, 이를 전 교회에서 기념하도록 '성체와 성혈 대축일'이 선포되었다. 피 묻은 성체포는 오르비에토 대성당의 경당 안에 보존하게 되었고, 제대와 바닥에 묻은 핏자국은 여전히 볼세나 산타 크리스티나 성당에 보존되어 있다고 한다. 오르비에토는 작은 도시였지만 이 기적 때문에 300년이라는 긴 기간에 걸쳐 당시 이탈리아에서 두 번째로 큰 주교좌성당을 건축하게 되었고 순례의 중심지가 되었다.

이 기적이 일어났을 당시 토마스 아퀴나스는 오르비에토에 머물면서 도미니코회 신학교장으로 활동하고 있었다. 교황 우르바노 4세는 토마스에게 성체에 대한 찬미가를 지어달라고 요청했다. 그런데 전설에 의하면, 이 의뢰를 받은 것은 토마스만이 아니었다. 프란치스코회를 대표하는 신학자인 보나벤투라도 이 의뢰를 받아서 찬미가를 작성했다고 한다. 그러나 친분이 있었던 보나벤투라가 토마스의 찬미가를 읽어 보고는 자신의 찬미가를 찢어버렸다고 한다. 아마도 토마스의 탁월함을 강조하기 위한 일화일 테지만, 아무튼 토마스의 성체 찬미가는 교회 안에서 지속해서 바쳐지게 되었다. 일부 논문에서는 토마스의 독창적인 작품이라기보다 기존 기도문을 보완한 것이라고 주장하지만 그 탁월함만은 모두 인정하고 있다.

**오르비에토 대성당의 볼세냐 성체 기적 경당**

오르비에토 대성당 북쪽에 있는 출구로 들어가는 볼세냐 성체 기적 경당은 토마스 아퀴나스가 오르비에토에서 가르치고 있는 기간 동안에 일어났던 성체 기적을 기념하기 위해 만들어진 경당이다. 이 기적 이후 '성체와 성혈 대축일'에 바치기 위해서 토마스 아퀴나스는 여러 편의 성체 찬미가를 지어서 시인으로서의 자질도 나타냈다.

이러한 사연이 있는 기적의 성체포가 '볼세나의 기적 기념 경당' 안 제대에 전시되어 있었다. 일반인의 눈에는 얼룩덜룩한 흔적으로 보일 뿐이지만, 신앙인들의 눈에는 성체 안에 그리스도가 현존하고 계시다는 사실을 입증해 주는 기적의 증거로 보일 것이다. 화려하게 장식된 성광 안에 담긴 성체포를 보면서 이미 11세기 베렌가리우스와 란프랑쿠스 사이의 논쟁으로부터 시작해서 중세 내내 이어졌던 성체 변화에 관한 논쟁이 기억났다. 이런 논쟁은 개신교 신학에서 성체성사를 단순히 기억 또는 기념의 요소로 해석하면서 완전히 다른 차원으로 접어들었다. 아무튼 이번 순례를 마치면서 다시 한번 토마스 아퀴나스의 영향력을 체감할 수 있었던 값진 기회였다.

## 로마의 산타 사비나 관구 신학원 설립

1265년 2월에 새로 선출된 교황 클레멘스 4세(Clemens IV, 1190~1168, 재위 1165~1168)는 교황 신학자로 봉사하기 위해 토마스를 로마로 초청했다. 같은 해에 토마스는 아나니에서 열린 도미니코회 총회의 결정에 따라 '관구 신학원Studium provinciale'을 세우도록 로마로 파견되었다. 특히 토마스는 관구 내 '각 수도원에서 선발되어 온 학생들이 학업을 게을리 할 경우에는 그들을 자기 수도원으로 되돌려 보낼 수 있는 권한'도 부여받았다. 그런데 토마스가 로마로 파견되던 이 시기는 정치적으로 매우 혼란스러웠다. 황제 프리드리히 2세는 1250년 사망했고, 그의 아들 콘라드 4세는 불과 4년 동안 통치할 수 있었을 뿐이다. 프리드리히의 사생아 만프레드Manfred, 프리드리히 2세의 손자인 콘라딘Konradin, 프랑스 왕 루이 9세의 형제인 앙주의 샤를Charles I of Naples 등이 교황령에 들어와 권력 싸움을 벌이는 사이 교황 우르바노 4세와 그의 후임자 클레멘스 4세가 연이어 사망하고 말았다. 그 이후 3년 동안 교황직은 공석으로 남아 있었다.

그러나 로마에서도 토마스는 교육활동에 자신의 시간과 능력을 집중했다. 로마의 산타사비나 수도원에는 이전까지 '수도원 신학원Studium conventuale'만이 있었다. 이 신학원은 파리나 쾰른의 '일반 학원'과는 비교가 되지 않는 작은 규모였다. 다른 학원에 있었던 조교와 다른 선생들도 없이 토마스 혼자서 학생들을 가르치는 일을 도맡아 해야 했던 것 같다. 그렇지만 토마스는 기존의 교사 역할을 맡는 것으로 만족하지 않고 이 학교를 자신이 체험했고 필요하다고 느낀 인문학을 강화한 신학 교육기관으로 확장하려 노력했다. 즉 '수도원 신학원'과 '일반 신학원' 사이의 중간 역할을 하는 '관구 신학원'을 도미니코회에서 최초로 만드는 시도가 그에 의해 이루어졌던 셈이다. 이 교육기관은 산타 마리아 소프라 미네르바에 있는 16세기 성 토마스 대학과 안젤리쿰에 있는 성 토마스 아퀴나스 교황청 대학의 전신이었다. 당시 도미니코회에서는 페냐포르트의 라이문두스로 대변되는 엄격주의에 따라, 개별적인 경우나 덕들에 대해서 각각 설명하는 사례 중심 교육이 널리 퍼져 있었다. 그러나 이런 교육안敎育案에서는 인간의 행위를 그리스도교 신앙의 핵심 진리와 연결시키려는 태도는 찾아보기 어려웠다. 토마스는 과거 도미니코회에서 실천을 강조하는 교육이 이루어졌던 것에 기반해 교의신학적인 근거를 제시하기 원했다. 토마스는 윤리신학과 교의신학을 하나로 종합하여 전체적인 통합안通合案에서 볼 수 있도록 교육하면서 발렁시엔느 총회의 결정을 실천하려는 태도를 지녔던 것이다. 더 나아가 산타 사비나에 일반 학원을 개설하는데 학생들이 공부할 만한 충분한 책이 없었던 것도 『신학대전』을 저술하게 된 이유가 될 수 있을 듯하다.

토마스는 로마에서 창조주 신의 전능에 대한 토론을 주도했고, 그 결과로『권능론Quaestiones disputatae de potentia』을 저술했다. 이 작품은 시간적으로든 사변적으로든 『신학대전』 제1부를 바로 앞서는 것으로, 토마스의 사상 발전에서 『대이교도대전』과 『신학대전』 사이의 중간지점에 해당된다. 이 작품은 아베로에스주의자들의 특별한 관심사였던 '창조'와 '세계 통치'에서 신의 권능이란 주제를 다룬다.

토마스는 1268년 9월까지 로마에 머물러 있었다. 따라서 인간 영혼에 대한 상세한 분석을 포함하고 있는『영적 피조물론Quaestiones de spiritualibus creaturis』은 비록 제2차 파리 체류 시절에야 비로소 출판되었을지라도, 로마에서 이루어진 교육활동에 그 근원을 두고 있다. 초기에 토마스가 사용한 아리스토텔레스의 라틴어 역본은 그리 훌륭하지 못한 번역이었기 때문에, 집필 도중 토마스는 새 번역(Translatio Nova, 아리스토텔레스의 텍스트를 모에르베케의 윌리엄이 새롭게 번역한 것)을 구해 사용했다. 토마스는 이 시기에『신학대전』(1부

75~89문)을 작성하고 있었으며 『영혼에 대한 토론 문제집 *Quaestiones disputatae De anima*』을 기록하고 있었다. 그러므로 그는 인간 영혼 문제에 대해 큰 관심을 가지고 있었고, 이것은 바로 이 문제들에 대한 파리의 아베로에스주의자들과의 논쟁에 휘말려 들기 이전부터 그러했다. 이러한 깊은 관심은 자신에게 맡겨진, 또는 자신의 『신학대전』을 읽을 학생들에 대한 교육적인 열정으로부터 시작된 연구 작업이었다.

이후에도 교황 클레멘스 4세는 자문을 받기 위해 토마스를 자주 비테르보로 불렀다. 그는 더욱 커진 신뢰를 바탕으로 탁발수사 토마스를 나폴리의 대주교로 임명하려고 시도했지만, 토마스 자신이 강하게 저항하는 바람에 성공하지 못했다. 성 토마스가 대주교직을 거절한 것은 사람들이 탁발수도회에서는 의례 그랬을 것이라고 생각하는 것처럼 당연한 일은 결코 아니었다. 이전에도 다른 교황은 도미니코회원임에도 베네딕토회 몬테카시노 수도원의 아빠스(Abbas, 남자 대수도원장)로 임명하려 한 적이 있었다. 그가 이런 제안을 거부했던 것처럼, 오히려 철저하게 그의 개인적인 결정에 따른 것이었다. 그는 다른 대수도원의 기금을 주겠다거나 추기경으로 임명하겠다는 등, 자신을 세속적인 일에 연루시킬 수 있는 교회의 여하한 직책도 거부했다. 이와는 달리 대 알베르투스는 1260년 레겐스부르크의 주교가 되었다. 성 토마스의 다른 수도회 동료이자 그와 함께 파리대학 교수였던 타랑테즈의 페트루스는 추기경이 되었고, 마침내 교황 인노첸시오 5세(Innocentius V, 1275?~1276)가 되었다. 이처럼 토마스는 탁발수사들의 교육과 관련된 작은 직책들은 기꺼이 맡으면서도, 자신에게 세속적인 영광과 권력을 보장해 줄 수 있는 교회의 고위직은 한사코 거절했다.

## 산타 사비나 방문

박물관 형태나 공공장소로 노출되어 있는 수도원이나 대성당들과는 달리 산타 사비나Santa Sabina 수도원은 여전히 전 세계 도미니코회의 가장 중요한 수도원 중 하나이기 때문에 방문을 위해서 오랫동안 연락하고 일정을 조정하는 일이 필요했다. 산타 사비나 수도원은 토마스 아퀴나스가 이탈리아 체류 기간 동안 '관구 신학원'을 세우고 직접 가르쳤던 곳이며, 그 유명한 『신학대전』의 집필을 시작했기 때문에 토마스 연구자에게는 더욱 중요한 곳이다. 그래서 예전에 유명한 독일 도미니코회 학자였던 파울루스 엥겔하르트Paulus Engelhardt 신부님의 초대로 나도 짧게 방문한 적이 있었다. 당시에는 사진도 찍지 않고 특별히 긴 시간을 머물 수도 없었기에 내 기억도 희미해진 상태였다. 그래서 사실 이곳을 다시 직접 방문하고 싶었는데 아는 사람이 없어서 망설이고 있었다.

그러던 차에 2022년 9월 초 독일 쾰른에서 내 박사학위 지도교수였던 클라우스 야코비 교수가 명예 메달을 받는 강연에 참여했을 때, 독일 도미니코회 관구장 크로이츠발트 신부에게 산타 사비나 수도원을 방문하고 싶다는 뜻을 밝혔다. 크로이츠발트 관구장은 그 자리에서 흔쾌하게 독일어를 잘하는 시쿨리 수사Fr. Sicouly를 소개해 주겠다고 약속했다. 놀랍게도 며칠 안에 관구장과 시쿨리 수사에게 산타 사비나 수도원을 방문해도 좋다는 메일을 받았다. 그러나 나는 진행하고 있던 『신학대전』 번역과 여행 준비 등을 이유로 11월 중순 이후에 방문하겠다는 의사를 밝혔다. 여러 차례의 일정 조정 끝에 확정된 것이 바로 11월 29일 오후 1시였고, 그 방문 기회에 수도원 공동체와 함께 점심식사를 한 후 수도원을 둘러볼 수 있었다. 사실 이 방문을 편하고 안전하게 하기 위해서 호텔도 로마 중심에서 벗어나 있는 아벤티노 언덕 위에 잡았다. 그날 약속 시간은 오후 1시였지만 궁금증에 먼저 산타 사비나 수도원 근처를 둘러보기로 했다.

걸어서 5분이 되지 않아 수도원과 산타 사비나 대성당을 발견했고, 직접 들어가 보는 것은 뒤로 미루고 좀 더 걸었더니 아주 커다란 오렌지 정원Giardino degli Aranci이 나타났다. 친한 신학 교수가 그곳에 가면 토마스 아퀴나스 때부터 있었다는 오렌지 나무를 찾아보라고 농담조로 말했는데 예루살렘의 2천 년 넘는 올리브나무처럼 오래된 나무는 보이지 않았다. 그러나 안쪽으로 들어가자 놀라운 광경이 펼쳐졌다. 바로 그곳의 전망대에서 성 베드로 대성당을 비롯해서 비토리오 에마누엘레 2세 기념관 등 로마의 전경이 한눈에 들어왔다. 청명한 푸른 하늘과 드높은 소나무는 우리가 정말 로마에 와 있다는 사실을 실감하게 해주었다.

발길을 돌려 바로 옆에 있는 산타 사비나 성당으로 들어갔다. 공원 쪽, 길 쪽, 수도원 쪽 등에서 입장이 가능한 성당은 전체적인 양식은 과거 바실리카 양식을 그대로 지니고 있었다. 장식이 없는

**산타 사비나 성당 옆 오렌지 정원**
로마의 7개 언덕 중에 하나인 아벤티노 언덕의 정상에 위치하고 있는 이 오렌지 정원은 역사
가 매우 오래된 곳으로 토마스 아퀴나스도 저술에 지쳤을 때는 이곳을 거닐면서 생각을 정
리했을 것이다. 지금도 많은 이들이 휴식을 위해 찾는 소중한 공간이다.

**오렌지 정원에서 바라본 로마의 전경**

멀리 보이는 거대한 흰색 건물이 '타자기'라는 별칭도 지니고 있는 비토리오 엠마누엘레 2세 기념관이다. 로마의 도심을 바라볼 수 있는 가장 멋진 장소 중에 한 곳이 이 정원이다.

높은 사각형의 내부는 제대가 가운데 자리해서 채우고 있었다. 이런 형태를 감안할 때, 현재 본당의 기능으로 사용하는 일은 거의 없어 보였다.

사실 오래전에 조율된 일정이었지만 로마 도착 이틀 전에 시쿨리 수사에게 메일을 받았다. 급하게 생긴 수도회의 일로 푸에르토리코로 떠나야 하기 때문에 아르노 수사Fr. Arnould가 대신 안내를 맡기로 했다는 것이다. 살짝 실망과 걱정이 앞섰지만 다른 선택은 없었다. 대신 메일로 현재 수도원이 공사 중이라 정문이 닫혀 있으니 수도원 정문 오른쪽에 있는 리사의 로마 성녀 동상 앞에서 아르노 수사를 만날 수 있을 것이라는 상세한 안내를 해주었다.

약속 시간이 지났는데도 아르노 수사님이 나타나지 않아 불안해할 무렵, 수도원으로 들어가는 직원의 도움으로 수도원 안에서 아르노 수사를 만날 수 있었다. 바로 식당으로 안내되었을 때, 식전 독서가 끝나자 아르노 수사는 우리를 공동체에 소개해 주었고, 바로 미국, 대만에서 온 수사들과 소박한 수도원의 점심식사를 함께할 수 있었다. 특히 대만에서 온 젊은 수사는 자신이 자주 한국인으로 오해받아서 한국말로 말을 걸어오는 사람들이 있다면서 활짝 웃었고, 낯선 우리를 세심하게 배려해 주었다.

식사가 끝날 무렵 방문 목적 등에 대해서 간단히 소개하고, 내가 최근에 번역한 『신학대전』 31권을 보여 주자 수사들이 큰 관심을 보이면서 다양한 질문을 던졌다.

식사를 마치고 이탈리아에 온 것을 느낄 수 있도록 에스프레소 한 잔씩을 대접받아서 마시려 할 때 친숙한 얼굴을 한 신부가 다가왔다. 바로 홈페이지에서 보았던 필리핀 출신 도미니코회 총장 제라드 프란시스코 티모너 3세 신부Gerard Francisco Timoner III였다. 총장으로서의 권위는 전혀 보이지 않았지만, 다행히 한국의 교회 신문에서 기사를 본 적이 있어서 바로 알아볼 수 있었다. 자신이 알고 있는 한국인 지인들에 대한 안부를 물으면서 우리의 이번 이탈리아 여행에 대해서도 큰 관심을 보였다. 마침 아시아주교회의 FABC에 대한 이야기가 나와서 내가 가져갔던 김수환 추기경님에 관한 영문 서적 「A Holy Fool」을 보여 주자, 자신도 관심이 많지만 이런 책은 교황청 직속 토마스 아퀴나스 대학, 즉 안젤리쿰Angelicum 도서관에 있는 것이 더 좋겠다고 제안했다. 총장 신부의 소탈하면서도 욕심 없는 모습에 마음이 따뜻해지는 친근감이 느껴졌다.

대화를 듣고 있던 아르노 신부는 안젤리쿰을 방문하기를 원하냐고 내게 물었고, 나는 기회가 있다면 원하지만 아는 사람이 없어서 망설이고 있다고 답했다. 그러자 바로 전화를 걸어서 다음날 10시에 안젤리쿰을 방문할 일정을 잡아주면서 그곳에서 만날 사람으로 크로엘Croell 신부의 연락처를 적어주었다.

다음날 일정까지 확정된 다음에, 아르노 신부님은 산타 사비나 수도원 구석구석을 안내해 주었다. 내부를 살펴보기 전에 테라스로 나가서 성 베드로 성당을 비롯한 로마의 전경을 보여 주었다. 각 건물이 가지고 있는 세심한 특징을 일일이 설명하면서 자니콜로 언덕, 성체칠리아 대성당, 성안드레아 대성당, 유대교 시나고게, 판테온, 빌라 메디치, 내일 방문할 안젤리쿰도 멀리서 손가락으로 가리키며 보여 주었다. 토마스 아퀴나스 당시에는 아직 성

**산타 사비나 수도원에서 바라본 로마의 전경**
토마스 아퀴나스가 이 수도원에서 가르치던 시기에도 라테라노 대성전 등은 존재하고 있었고 비슷하게 매우 아름다운 파노라마가 펼쳐져 있었을 것이다.

**산타 사비나 수도원의 김인중 신부 작품**

산타 사비나 수도원의 접견실에 걸려 있는 도미니코회 소속 한국인 화가 김인중 신부의 작품을 만나서 매우 반가웠다. 전 세계 도미니코회를 대표하는 로마의 본원에서 한국인의 작품이 인정받는 모습에 마음이 뿌듯해졌다.

베드로 성당도 존재하지 않았고 오늘날의 모습과 같은 대형 건물들은 없었지만, 토마스는 교황청이 자리잡고 있던 라테란 대성당 등을 바라보면서 교회의 앞날을 위한 엄청난 대작『신학대전』집필을 시작했을 것이다.

다시 수도원 내부로 들어가자 손님을 맞는 응접실 같은 곳에 시선을 사로잡는 노란색 꽃 모양의 커다란 유화가 걸려 있다. 아르노 신부가 김인중 신부의 작품이라고 알려준다. 김인중 신부는 요즘은 가끔 우리나라에서 와서 전시회도 열고, 유리 공예나 스테인드글라스도 제작하지만 프랑스에서 50년 동안 미술가로 활동해서 유럽에서 더 유명한 분이다. 그러고 보니 김인중 신부가 스위스 유학 도중에 도미니코회에 입회했다는 기사가 생겨났다. '빛의 예술가'로 불리는 그가 자기 그림에서 의미를 찾지 말고, '형태와 색에 당신의 눈이 귀 기울이도록 내버려 두라'고 했기에, 김 신부의 말대로 그림을 한참 바라보았다. 갑자기 산타 사비나 수도원에서 한국인 작가의 그림을 마주하니 감회가 새로웠다.

다시 문을 제외하고는 모두 흰색으로 칠해진 수도원 복도를 거닐다 보니 수도원의 역사를 보여주는 듯한 커다란 유화들이 곳곳에 걸려 있어 눈길을 사로잡았다. 산타 사비나 수도원은 무려 800년이나 된 수도원이기 때문에 곳곳에는 보수공사가 진행되고 있었다. 아르노 신부는 수도원을 보여 주는 도중에도 공사하는 노동자들에게 구체적으로 작업 과정을 지시하고는 했다. 그사이에 우리는 도미니코회 수사들이 생활하는 공간을 마음 편히 둘러볼 수 있었다. 다시 복도로 돌아온 아르노 신부님은 한 방을 가리키더니 이 방이 '황금 전설Legenda Aurea'에 따르면 토마스가 로마에 머무는 동안 살았던 방이라 전해진다고 말씀하셨다. 물론 지금은 다른 수사가 살고 있어서 볼 수 없었지만, 토마스가 살았던 방이 있는 수도원이 거의 그대로 800년 동안 유지되고 있다는 사실에 마치 꿈을 꾸는 것 같았다. 일반 수사들이 기거하는 방들을 통해서 토마스 아퀴나스도 지금과 같은 건물에서 거의 변하지 않은 일상의 흐름에 따라 수도 생활을 했을 것이라고 충분히 상상할 수 있었다.

긴 복도를 통과하여 우리는 아래층으로 내려갔다. 그곳에서 아르노 신부는 도미니코회 출신 교황 비오 5세(Pius V, 1504~1572, 재위 1566~1572)와 관련된 경당을 보여 주었다. 이분에 대해서는 토마스 아퀴나스의 전집을 새로 발간하도록 하는 한편 그를 교회학자로 선언했다(1576년)는 사실 정도만 알고 있었다. 교황 비오 5세는 교황이 된 후에도 도미니코회의 하얀 수도복을 벗지 않고 교황 옷 밑에 항상 그 옷을 입고 수도사의 정신으로 살아가셨다고 한다. 이단 심판관으로서 맹활약함으로써 적대자를 많이 만들었다는 점에서는 거리가 느껴졌지만, 교황의 지위에 올라서도 조금도 수도자로서의 자세를 버리지 않은 채 종래의 호화스런 교황의 의식주를 되도록 간단하고 검소하게 했던 점은 현대의 교회를 위해서도 귀감이 될 수 있을 것 같다. 더욱이 교황 즉위식을 하지 않고 그 예산을 빈민과 어려운 수도원을 위해 쓰고, 당시의 관행이었던 가족들을 교황청의 고위 성직자로 임명하는 일도 피했다는 점이 인상적이었다. 교황이 된 후에도 로마로 돌아올 때면 항상 같은 방

### 도미니코회 출신 교황 비오 5세를 기리는 경당

교황 비오 5세는 도미니코회 출신 교황으로서 성 토마스에 대해 특별한 존경심을 지니고 있었다. 그래서 토마스 아퀴나스의 전집을 새로 발간하도록 명령했으며, 1571년에는 오스만 제국을 대항해서 그리스도교 연합 함대가 레판토 해전에서 대승을 거두도록 이끌기도 했다.

에서 사람들을 접견했다고 한다. 지금은 그 방이 경당으로 꾸며져 있었는데, 제대 위에 걸린 유화와 입구 위에 그려진 교황이 레판토 해전과 관련해 기도하는 유화 이외에는 단순하고 깔끔한 모습이었다. 이 유화는 비오 5세가 오스만 제국과 대립하는 과정에서 유럽 그리스도교 국가들의 단합을 호소하여 스페인, 베네치아 교황령의 연합 함대가 1571년 10월 7일 코린토스 만에서 치열한 전투를 벌여 대승을 거둔 역사를 묘사한 것이다. 아르노 신부의 자세한 설명에서 본인이 속한 도미니코회 출신 교황에 대한 자부심과 애정이 느껴졌다.

다시 한 층을 더 내려오자 성 도미니코가 산타 사비나에 몇 달 동안 머무르던 방이 대리석으로 화려하게 장식된 긴 복도 끝에 자리잡고 있었다. 이 화려한 대리석 장식은 유명한 조각가 베르니니와 제자들이 작업했다는 설명도 들었다. 경당으로 들어가는 복도 천장에는 탁발수도회의 세 창립자가 그려져 있는 모습이 매우 인상적이었다. 도미니코 옆에는 프란치스코와 까말돌리회의 창시자 로무알도가 함께 있음으로써 바로 개혁 수도원간의 정신적 일치를 보여주는 듯했다. 산타 사비나는 교황 호노리오 3세(1148~1227, 재위 1216~1227)가 자신의 가문에 속한 땅을 같은 교회법학자 출신인 도미니코에게 헌사하면서 수도원으로 발전했다는 설명도 들었다.

수도원 밖으로 나와서 아르노 신부는 우리가 들어갔던 임시 출입구 앞에 서 있는 리마의 로사 성녀(St. Rosa de Lima, 1586~1617)에 대해서 상세히 설명해 주셨다. 로사 성녀는 남미에서 최초로 성인으

**리마의 성녀 조각상**

산타 사비나 수도원으로 들어가는 회랑의 끝에는 입구 옆에 리마의 성녀 로사 조각상이 서 있다. 이 조각상은 로사 성녀를 조각한 최초의 상이라고 한다.

로 추대된 분으로 도미니코회 수도 정신으로 생활하면서 많은 가난한 이들을 돌본 분이다. 이곳에 서 있는 조각상은 이미 복자품을 준비하는 때 세워진 것이기 때문에 성녀에 관한 가장 오래된 조각상이라는 것이었다.

수도원을 다 둘러본 후에 수도원 쪽에서 산타 사비나 성당으로 들어섰다. 아침에 본 커다란 공간이 다시 나타났고, 아르노 신부는 산타 사비나 성당이 도미니코회가 이곳에 오기 전부터 있었던 매우 오래된 성당이라고 설명했다. 그래서인지 초기의 로마 바실리카 양식을 지니고 있었고 들어가는 목제 정문은 5세기의 원본이란다. 이미 8세기부터 기록이 남아 있고, 이 안에는 도미니코회와 관련된 유적은 그리 많지 않다고 알려 주었다. 20세기 들어 성당을 수리하면서 가급적 초기 교회의 모습이 어떠했는지를 느낄 수 있도록 많은 노력을 기울였다고 한다. 내가 토마스 아퀴나스도 이곳을 체험했을지를 묻자, 그도 바로 이러한 모습의 성당을 경험했고 이곳에서 기도했을 것이라고 대답했다. 토마스 아퀴나스 시대에는 벌써 성도미니코 경당이 있던 수도원에서 성당으로 넘어오는 회랑이 완성되었다고 한다. 도미니코 당시에는 아직 그것은 없었고 비오 5세 경당이 있는 2층을 통해서 연결되는 회랑이 있었는데, 동료 수사들은 도미니코가 밤을 새우며 사비나 성녀의 무덤 앞에서 기도하는 모습을 지켜볼 수 있었다고 했다. 아마도 수사들은 밤중에 잠시 기도하러 성당에 나왔다 도미니코 성인이 간절히 기도하고 있는 모습을 보고 신앙심을 더욱 고양시켰을 것이다. 하지만 현재는 수리되면서 수도원과 연결되는 2층 회랑은 사라졌는

**산타 사비나 대성당 내부**

이 대성당은 도미니코회가 로마로 파견되기 이전부터 존재했던 유서 깊은 성당이다. 1층은 이미 도미니코와 토마스 아퀴나스가 이 수도원에 머물던 때부터 존재하고 있던 곳이고 2층에서 수도원을 연결하던 회랑은 사라졌고 흔적만이 남았다.

**산타 사비나 성당 내부와 도미니코 성인이 기도하던 자리**

도미니코 수도회를 건립한 성 도미니코는 이곳 산타 사비나 수도원의 성당에서 밤을 새우며
사비나 성녀의 무덤 앞에서 기도하는 모범을 보여주었다고 한다.

데, 2층 정도 높이에 서로 다른 재질로 꾸며진 벽들로 회랑이 있었던 자리라고 짐작할 수 있었다. 특이한 것은 창문이 유리가 아니라 얇게 깎은 반투명한 상태의 돌을 우리나라 창문 문양과 비슷한 형태로 만들어 놓은 것이다. 덕분에 고딕 양식의 찬란한 스테인드 글라스와는 또 다른 성당 분위기가 조성되어 있었다. 그 유래에 대해 내가 물어보자, 보이는 것처럼 오래된 것은 아닌데, 산타 사비나 성당 보수 공사 과정에서 발견된 로마의 문양을 토대로 해서 수리 과정에서 설치된 것이라 한다.

이어서 도미니코회와 직접 관련이 있는 성당 양편에 있는 경당들에 대해서도 자세하게 설명했다. 왼편에 있는 경당은 시에나의 카타리나 성녀에게 바쳐진 경당이었다. 아르노 신부님은 교황 요한 바오로 2세는 카타리나 성녀를 베네딕투스, 키릴루스와 메토디우스, 스웨덴의 브리키타, 에디트 슈타인과 함께 유럽을 보호해 주는 성인으로 선포하셨다는 이야기를 들려 주었다. 오른편에 있는 경당에 걸린 유화를 통해 토마스 아퀴나스 시절부터 변함없이 이어지고 있는 도미니코회의 입회예식을 볼 수 있었다. 그림에는 도미니코회를 상징하는 흰색 수도복을 수련장이 들고 있고, 수도원 열쇠를 들고 검은 겉옷을 두른 형제 수사가 돕는 가운데 수도원장이 수도복을 입혀주는 모습이 정중앙에 있다. 세속에서 입던 옷들이 그림 밑 쪽에 여기저기 던져진 채 바닥에 엎드려서 세속에서 완전히 벗어나 탁발수도회로 입회하는 광경이 한 폭의 그림에 그려져 있었다. 이 예식은 수도회 초기부터 현재까지 지속되기 때문에 토마스 아퀴나스도 나폴리에서 거의 같은 형태로 입회예식을 치렀을 것이다. 반대편에는 한 도미니코회 수사가 교황 앞에서 설교하고 있는 모습이 그려 있는데, 설교 수도회로서의 사명을 강조하는 그림처럼 느껴졌다.

산타 사비나 안에는 토마스 아퀴나스와 직접적으로 관련된 많은 유적이 남아 있지는 않았다. 아르노 신부님의 설명도 토마스 아퀴나스보다는 성 도미니코와 관련된 장소와 일화가 주를 이루었다. 그렇지만 나에게는 그가 무려 4년 동안이나 생활했고『신학대전』이라는 대작을 시작한 곳이라 특별한 애정이 느껴졌다. 토마스는 교수가 된 이후에는 한 장소에서 3년 이상 머물지 못하고 계속해서 이동하면 새로운 소임을 맡아야 했기 때문에 이 장소에서 보낸 평온한 4년은『신학대전』이라는 상상을 초월하는 대작을 기획하는 데 큰 도움이 되었을 것이다. 로마 시내를 바라보며 오렌지 정원을 산책하다 얻은 영감은 그의 저서들에 그대로 녹아들었을 것이다.

더욱이 자신은 이미 알고 있어도 자신에게 맡겨진 학생들에게 어떻게 하면 성서뿐만 아니라 좋은 설교에 필요한 신학과 철학을 가르칠지에 대해서 항상 고민했던 것이『신학대전』서문에 잘 나타나 있다. 토마스는『신학대전』의 머리말에서 초심자를 위한 자신의 배려를 명시적으로 밝힌다. 그는 초심자들이 어려움을 겪는 것은 이제까지의 다른 저작들, 특히『정규토론 문제집』이 한편으로는 '문제들, 절들, 논거들'을 쓸데없이 증폭시키기 때문이고, 다른 한편으로는 그들이 배워야 할 내용들이 '학문의 질서에 따라 secundum ordinem disciplinae' 제시되지 않고, 책 저술에 요구되는 순서나 '토론의 기회에 따라' 제시되기 때문이라고 주장한다. 또한 같은 것들이 여러 번 반복됨으로써 학생들의 정신 속에 지겨움과 혼란을 야기하기 때문에 '중복을 최소화하고 가장 강력한 논변들만을 골라' 지금의 형태로 압축했다는 것이다. 그는 나중에 '자신을 쉽게 이해되도록 만드는 일은 모든 교육자의 의무이다.'* 라고 말할 것을 이미 머리말에서 앞서 과제로 제시하고 있다. 이런 머리말은 가톨릭 신앙의 진리를 배우려는 학생들에게 어떻게 그것을 전달할까를 걱정하던 교육자에게서만 나올 수 있는 말이다.

이러한 교육자로서의 책임감은 바로 이곳에서 학생들을 직접 가르치는 가운데 생겨났을 것이다. 더욱이 도미니코회 총회는 만일 각 수도원에서 선발되어 산타 사비나 일반 학원에 맡겨진 학생들 가운데 능력이 부족하거나 게으른 학생들은 토마스의 판단에 의해 되돌려 보내질 수 있다고 결정했으니 그 책임감은 더욱 컸을 것이다.

사실 토마스 아퀴나스의 저서에 담긴 신학적인 내용이나 결론은 무려 1,200년 동안 지속되어 온 것이었지만, 그것을 어떤 방식으로 어떻게 설명하는가에 따라 완전히 다른 효과가 나타났던 것이다.

---

* ST I-II, q.101, a.2.

## 신학대전의 개별 구조

중세 대학에서 벌어진 토론에서 『정규토론 문제집』과 『자유토론 문제집』이 생겨났다. 스콜라철학의 특별한 서술형태인 이 문제집들은 다음과 같은 구조를 지닌다. 각각의 질문에 대해서 찬Pro, 반Contra의 논증들을 제시한다. 이러한 시도는 언뜻 보아 모순되어 보이는 권위 있는 텍스트들 사이의 일치를 찾는 데 도움이 되었다. 이 토론 문제집은 생동감이 넘치는 대학 내의 토론에 기초하지만, 출판된 문제집이 실제로 벌어졌던 토론을 그대로 전달해 주는 것은 아니다. 위의 주석서와 토론 문제집들이 종합되어 '대전summa'들로 발전했다. 그 대표적인 예가 바로 토마스 아퀴나스의 『신학대전』이다.

따라서 『신학대전』에서 다루어지는 각각의 질문은 '예/아니오sic et non' 방식으로 대답할 수 있는 질문으로 구성되고 다음과 같은 일정한 순서와 틀에 따라 논의된다.

1) **논박될 이론들**(objectiones, '그렇지 않은 것 같다'): 여기서는 본문에서 논박될 이론을 지지하는 논거들이 소개된다. 『정규토론 문제집』에서는 십여 개씩 나오는데, 『신학대전』에서는 그 중 핵심적인 것 세 개 정도만 골라서 제시했다.

2) **이에 대한 짧은 반론**(sed contra, '그러나 반대로'): 논박될 이론에 반대되는 논거나 권위 있는 명제들이 소개된다. 토마스는 찬성하는 논거들이 본문 부분에서 다루어지는 것을 참작하여 과감하게 생략해서 짧게 줄여 버렸다.

3) **절의 본문**(corpus articul, '나는 이렇게 대답해야만 한다'): 여기서 토마스는 제시된 질문에 대한 핵심적인 답변을 정확하게 제시했다.

4) **논박될 이론들에 대한 해답들**: 정규토론에서 교수들이 잘못된 근거들에 대해서 하나하나 해답을 해주려고 고민했던 것처럼, 토마스는 이렇게 자기와 다른 의견을 가진 이들의 주장을 단순히 '틀렸다'라고 단정 짓지 않고 왜 틀렸는지에 대해서 하나하나 밝혀 주었다.

이러한 『신학대전』의 구조는 이를 이해하지 못해서 발생하는 중대한 실수를 피하기 위해서 중요하다. 위의 네 부분 중에서 토마스 아퀴나스의 의견이라고 그대로 인용해도 좋은 부분은 바로 '3) 본문'이다. 절대로 토마스 아퀴나스의 의견으로 인용해서는 안 될 부분은 바로 '1) 논박될 이론들'이다. 이 부분을 인용하게 되면 100% 토마스 아퀴나스와 반대되는 의견을 쓰게 되기 때문이다.

『신학대전』의 각 절은 한결같이 이렇게 일정한 순서에 따라서 전개된다. 그런데 『신학대전』은 이런 구조화된 질문과 답을 4,000개가 넘게 담고 있는 엄청난 대작이다. 도대체 그 안에는 어떤 내용이 담겨 있는 것일까?

『신학대전』의 분량은 엄청나서 200쪽 내외의 보통의 책 크기로 출판한다면 어림잡아 50권에 달한다고 소개한 바 있다. 그러나 『신학대전』은 토마스가 저술한 전체 분량의 1/7이나 1/8 정도에 지나지 않는다. 따라서 그는 49세라는 짧은 일생 동안 거의 400권에 달하는 분량을 저술한 셈이다.

이 분량이 너무나 놀라웠기 때문에 후대 연구가들은 토마스가 이 엄청난 책들을 어떻게 제한된 시간 안에 저술했는지가 궁금해졌다. 실험을 해보니 아무리 빨리 썼다고 하더라도 토마스 혼자서는 그 많은 분량을 직접 쓰고 탈고할 수 없다는 결과가 나왔다. 따라서 동시에 여러 저서를 구술했을 것이라는 가설이 나왔다. 아무튼 여러 차례 유럽을 여행하면서도 그처럼 엄청난 양의 저서를 남긴 것은 토마스가 온 힘과 정신을 쏟아 저술 활동에 매진했다는 점을 분명히 보여 준다.

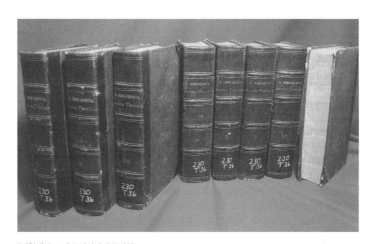

『신학대전』 - 서구 지성사의 금자탑
토마스의 주저인 신학 대전은 200페이지 정도의 일반적인 책으로 50권에 달하는 막대한 분량으로 신학에 관한 백과사전이라 할 만한 방대한 내용을 담고 있다. 총 612개의 주제와 4000개가 넘는 개별질문들이 이 안에서 다루어진다.

## 『신학대전』의 구조와 주요 내용

모든 저술 중에 가장 많은 분량을 차지하는 『신학대전』은 크게 3부로 이루어져 있는데, 그 구조는 일반적으로 '발출exitus과 귀환reditus의 도식'으로 파악될 수 있다. 이 도식은 플라톤의 사상을 발전시켜 나간 신플라톤주의에서 개발된 것이다. 이를 통해 일자一者, the One로부터 유출된 모든 사물은 일자로 되돌아가려는 성향을 지닌다는 점을 설명했다. 『신학대전』에서 토마스는 아리스토텔레스의 용어와 명제들을 주로 활용하면서도 전체적인 큰 구조에서는 신플라톤주의의 사고 틀을 활용한 것이다. 아리스토텔레스의 탁월함을 충분히 인정했지만, 그리스도교 사상과 일치시키기 위해 필요한 경우 자신이 알고 있던 모든 이론을 이용해서 변형시켰다.

『신학대전』 한국어 번역

『신학대전』은 영어 번역의 경우 60권에 달하며, 현재 한국성토마스연구소에서 진행하고 있는 작업이 완료될 경우 총 72권으로 발간될 예정이다. 지금도 매년 3-4권씩 출간되고 있다.

이 도식에 따라 『신학대전』은 구원의 역사를 세 가지 관점에서 본다. 즉 제I부는 신을 원천으로 창조되는 만물의 발출과정으로 신론, 삼위일체론, 창조론을 다룬다. 제II부는 신을 목적으로 되돌아가는 일반적인 귀환의 과정에 필요한 인간론, 행위론, 윤리학을 다룬다. 제III부는 신에로의 귀환을 위한 그리스도교적 모범으로 간주된 그리스도가 보여준 구체적인 '길', 즉 그리스도론, 교회론, 성사론을 다룬다. 각 부의 주요 내용은 다음과 같다.

I 부. 삼위일체와 신의 모든 피조물의 '발출'
  A. 신의 실존과 그 기본 속성들(2-26문)
  B. 삼위일체와 위격들(27-43문)
  C. 신의 피조물의 발출
    1. 피조물의 창조(44-46문)
    2. 피조물의 구분(천사, 우주, 인간; 47-102문)
    3. 피조물의 보존과 우주 통치(103-119문)

II 부 1편. 신을 향한 인간의 활동들: 일반
  A. 인간의 최종 목적(1-5문)
  B. 최종 목적에 도달하기 위한 수단들
    1. 인간적 행위 그 자체(6-48문)
    2. 인간적 행위의 원리들
      a) 내적 원리: 습성(49-89문)
      b) 외적 원리: 법과 은총(90-114문)
II 부 2편. 신을 향한 인간의 활동들: 서론
(1) 모든 신앙인에게
  A. 신학적인 덕(그리고 악습)
    1. 믿음(1-16문)
    2. 희망(17-22문)
    3. 사랑(23-46문)
  B. 사추덕(그리고 악습)
    1. 지혜(47-56문)
    2. 정의(57-122문)

　　토마스는 『신학대전』에서 개별적인 주제에 관해 고대철학부터 13세기까지 논의된 거의 모든 견해를 매우 효율적으로 요약하고 엄격하게 평가한다. 그 개별적인 논의들이 놀라울 정도로 유기적인 체계로 연결되어 있다. 『신학대전』에서 이루어진 체계적인 종합은 거대한 고딕건축에 비교되며 읽는 이를 감탄하게 만든다. 특히 제II부는 그리스도교 신앙을 가지지 않은 이들도 많은 영감과 통찰을 얻을 수 있는 윤리학과 관련된 주제들로 가득 차 있다. 이전의 교부들은 주로 성경 인용에 의존하고 보조적으로만 철학을 활용했다. 그러나 토마스는 아리스토텔레스 강의 금지령 이후 활동했기 때문에, 논의의 출발점으로 『니코마코스 윤리학』이나 다른 철학 서적들에서 언급되었던 다양한 명제들을 자유롭게 사용하고 있다.

토마스 아퀴나스가 나폴리에서 신비 체험을 한 후, 리옹 공의회에 참석하러 가다가 갑작스럽게 사망했기 때문에, 토마스 아퀴나스는 제3부에서 다룰 내용들에 대해서는 모두 정리해 놓고서도 『신학대전』을 완성하지 못했다. 이미 저술한 512개의 주제 이외에도 99개의 주제, 합쳐서 총 611개의 주제를 다룰 계획을 가지고 있었던 것이다. 『신학대전』이 미완성으로 남게 된 것을 너무도 안타까워한 제자들, 특히 그의 비서(피페르노의 레기날두스)는 스승이 이전에 저술한 작품들, 특히 『명제집 주해』에서 해답을 모아서 『신학대전』을 완성했다. 『신학대전』의 보충부 99문은 토마스가 직접 쓴 부분에 미치지는 못하지만, 토마스가 완성했다면 담았을 주요 내용이 무엇인지를 추정하게 해준다.

# 아리스토텔레스 주해가 아퀴나스
## ― 두 번째 파리대학 교수 시절

일반적으로 알려진 것과는 달리 라틴 아베로에스주의자들과의 논쟁이 아니라, 재속 성직자와 탁발수도회원들 사이에 새롭게 벌어진 분쟁이 토마스가 1268년 11월 다시 파리로 부름을 받게 된 더 직접적인 원인이었다. 압베빌의 제라르Geraldus de Abbatisvilla와 리주의 니콜라우스Nicolaus Lexoviensis 는 교황 자리가 공석으로 남아 있는 시기(1268년 11월~1271년 12월)를 택해 탁발수도회를 강력하게 공격했다. 프란치스코회 총장 보나벤투라는 이 시기 동안에 파리에 머무르고 있었다. 여러 사람의 존경을 받던 보나벤투라는 탁발수도회가 공격받는 문제에 개입했다. 보나벤투라가 『탁발수도회를 위한 변명Apologia pauperum』(1269)을 저술하고 프란치스코회 교수 요한네스 페카무스가 열정적으로 논쟁에 참여했다. 토마스 자신도 『자유토론 문제집』에서 재속 사제들과의 분쟁을 공개적으로 논의했다. 1269~70년에 저술된 『영성생활의 완전성에 대하여De perfectione spiritualis vitae』라는 저작에서 토마스는 차분하게 사태에 따라 종교적인 수도회들을 옹호했고, 오직 '고위 성직자들과 수도자

16.　　　　　　　　　　C. Bael

*Sæuire interim cœpit Lutetiæ grauis illa tempestas aduersus Religiosos Mendicantes, qui magno tum temporis honore publicè lectiones habebant, adeo vt Thomas, eiusque collega D. Bonauentura, magna contumelia e scholis publicè eiecti fuerint. At Thomà tum lingua tum calamo sese viriliter opponente tranquillitas affulsit; donec tandem diplomate Alexandri Pont. pro voto Religiosorum res composita est.*

**파리에서 재속사제와 탁발수도사들 사이의 분쟁**

오른쪽에 있는 성 토마스와 성 보나벤투라는 파리 대학의 교수로 임명되었지만 재속 사제 교수들의 반대로 교수활동을 하기 어려웠다. 오른쪽에 있는 두 수도사가 성난 군중에게 폭행을 당하고, 폭도 중 한 명이 성 토마스의 다리를 걷어차고 있다. 이러한 분쟁은 잠잠해 지는 듯 했다가, 1268년부터 다시 번지면서 토마스가 파리로 돌아오는 원인을 제공했다.

들만이 복음적 완전성의 단계status에 도달했다'라는 의견을 주장했다. 1271년에 그는 압베빌의 제랄두스를 거슬러 『소년들의 수도원 입회를 방해하는 해로운 교설에 대한 논박Contra doctrinam retrahentium a religione』을 저술했다. 그러나 이것만이 토마스가 맞부딪쳐야 할 유일한 지성적인 논쟁이었던 것은 아니다. 파리에서의 관계들은 대단히 복잡하고 긴장감이 넘쳤다.

이제까지 대학의 체계 안에서 주로 기초교육 기능을 담당하고 있던 인문학부는 아리스토텔레스와 아베로에스의 저작들 덕분에 자신들을 신학으로부터 계몽시키고 세속적인 경향을 가진 완성된 세계관을 추구할 수 있도록 돕는 일련의 텍스트를 소유하게 되었다. 상당 부분 유명한 신학자들(로베르투스 그로세테스테, 로저 베이컨, 대 알베르투스, 토마스 아퀴나스)의 아리스토텔레스 수용을 통해서 시작된 이 움직임은 더 이상 멈추게 할 수 없었다. 그러나 아리스토텔레스의 몇몇 주장들을 의지해서 파리대학 인문학부의 일부 교수들이 '모든 사람에게 유일한 공통의 지성이 있다는 것, 자유의지의 부인, 신적 섭리의 제한, 세계 영원성' 등을 정통 가톨릭 신앙의 가르침에 위배됨에도 받아들이게 되자 상황은 급변했다. 라틴아베로에스주의가 급속히 퍼져 나가던 1260년대에 파리대학 신학부에는 위기를 극복할 만한 위대한 신학자들이 없었다. 예를 들어 대 알베르투스는 독일로, 토마스는 이탈리아로 떠나 있었다. 그나마 파리에 머물고 있던 보나벤투라가 프란치스코회의 총장으로 활동하면서 1267년과 1268년 사이에 이 문제에 개입하여 라틴 아베로에스주의자들을 신랄하게 비판했다. 토마스처럼 아리

---

**아랍의 대표적인 아리스토텔레스 주해가 아베로에스**

코르도바 출신의 아랍 철학자 이븐 루쉬드는 대법관까지 지낸 석학으로써 아리스토텔레스의 난해한 작품들을 세 차례나 주해할 정도로 아리스토텔레스를 존경했다. 그러나 보수적인 이슬람 신학자들에 의해 책이 불태워지는 수난을 당하고 아랍 문화권에서는 영향력이 축소되었다. 그러나 서방에서는 아베로에스라는 이름으로 '주석가' 그 자체로 인정받으며 막대한 영향력을 미쳤고 파리대학 인문학부를 중심으로 추종자가 늘어났다.

스토텔레스와 인문학부에 있는 그의 추종자들과 대적할 의도를 지니고 있는 학자들조차도 보수적인 교회 지도자들의 입장에 따르면, '극단적인' 아리스토텔레스주의의 대변자들과 함께 이단을 부추긴다는 의심을 받게 되었다.

이런 상황에서 토마스는 1269년 1월에 다시 파리에 도착했다. 다양한 연구자들의 의견에 의하면 그는 이제 변화되었거나, 변화되고 있는 토마스였다. 이 시기의 작품들에는 토마스가 그동안 다양한 고전문헌들을 무척 많이 읽었다는 사실이 잘 드러나 있다. 토마스는 주임 교수magister actu regens였고, 다시 그의 의무는 성서에 대해 강의하고 토론하며 설교하는 것이었다. 파리에 교수로서 두 번째 체류하는 4년 동안 토마스는 모든 에너지를 저술, 강의, 기도에 바쳤다. 토마스는 비서들의 도움을 받으며 대단한 속도와 보기 드문 근면성으로 작업해 나갔다. 가장 열정적으로 저술하던 시기에 토마스는 미사와 기도, 통상적인 두 번의 강의, 토론을 수행하면서 매일 대략 13쪽(2,400 단어) 정도를 저술했다고 한다. 토마스의 비서들은 무엇보다도 토마스가 저술하거나 구술한 텍스트들을 정리했는데 "토마스는 흔히 서재에서 3명에게, 어쩌다가는 4명에게, 여러 주제들에 대해 동시에 구술했다"고 한다. 예를 들어 『신학대전』의 일부와 『아리스토텔레스의 '윤리학' 주해』의 일부를 구술한 후에 이어서 『성서 주해』의 일부를 속기하도록 하고, 다시 돌아와 같은 순서로 계속해서 작품을 구술했을 것이다. 이러한 작업방식은 비범한 집중력과 일련의 사상에서부터 또 다른 사상으로 급속한 전환 능력이 요구되는 것인데, 이를 통해 그가

1269년부터 1273년 사이에 이루어 낸 업적은 참으로 전무후무한 대단한 것이었다. 그는 이 시기에 『신학대전』 제 II 부 전체를 끝내고 제 III 부의 일부를 시작했다. 그뿐 아니라, 아리스토텔레스의 주요 작품들을 정밀하게 주해했고 중요한 토론 작품들을 논술했으며, 이러저런 문제들에 답변했다. 또한 그는 방대한 분량의 『마태오 복음 주해』와 『요한복음 주해』를 썼는데 그 서문은 철학적으로도 매우 흥미롭다. 더 나아가 바오로의 로마서와 고린도서에 대한 주해도 저술했다. 그 외에도 토마스는 『덕론*De virtutibus*』과 『육화된 말씀의 합치*De unione verbi incarnati*』와 『악론*De malo*』에 대한 토론을 주도했다. 사순절과 대림절 동안에는 『자유토론 문제집*Quaestiones quodlibetales*』(특히 1-6,12)의 내용들을 토론했다.

보수적인 파리의 주교 텅피에가 주도한 1270년과 1277년에 내려진 단죄는 토마스를 직접적으로 겨냥한 것은 아니었지만, 적어도 간접적으로 공격한 셈이 되었다. 이미 토마스는 파리에 도착한 지 얼마 되지 않아서 바로 인간 영혼의 문제에 대해 정기 토론(「영혼에 대한 토론 문제집」)을 진행할 정도로 관심을 보였다. 이어서 토마스는 1270년, 13개의 명제들이 단죄되기 직전에 『지성단일성-아베로에스 학파에 대한 논박*De unitate intellectus contra Averroistas*』이라는 책을 저술했다. 이 책에서는 평소에 잘 드러나지 않는 토마스 아퀴나스의 개인적인 성품에 대한 흥미로운 정보가 포함되어 있다. 토마스의 겸손과 다른 의견을 가진 자들에 대한 공정한 태도는 이미 살아서도 유명했다. 예를 들어 토마스는 인신 비방에 가까운 비판을 퍼부은 요한네스 페카무스(Johannes Pechamus, 1225/1230?~

---

**동시에 여러 서적을 구술하는 토마스 아퀴나스**

제2차 파리 체류 시기에 토마스 아퀴나스는 여러 가지 교수로서의 임무와 격렬한 논쟁에 참여하면서도 상상하기 힘들 정도로 놀라운 분량의 저술을 남겼다. 학자들의 가설에 따르면 그는 동시에 여러 편의 책을 구술을 통해 저술했을 것이다.

1292)를 특유의 온유한 태도로 대해서 칭찬을 받았다. 그러나 『지성단일성』의 마지막 문단에서는 저자 자신의 개인적인 기분을 드러내지 않았던 것과 대조적으로 열정적인 토마스를 만나게 된다.

> "그러므로 이것은 신앙의 가르침이 아니라 철학자 자신들의 논변과 말을 통해 우리가 앞서 말한 오류들을 부수기 위해 쓴 것이다. 그러나 누군가가 지식이라는 거짓된 이름으로 불리는 것에 우쭐해하며 우리가 여기서 쓴 것에 반하여 무슨 말이든 하고자 한다면, 구석진 곳이나 그렇게 어려운 문제에 대해 판단할 줄 모르는 소년들 앞에서 말하지 말고, 할 수 있거든 이 저술에 반대하여 글 쓰게 하라."(n.124, 229쪽)

토마스가 이렇게 분노한 것은 이 주제가 그만큼 중요하고 교육적인 측면에서도 간과할 수 없는 중대성을 지니고 있었기 때문이다. 이렇게 토마스는 『지성단일성』에서 바깥에 머물러 있는 것이 아니라 이 토론에 적극적으로 뛰어들어서, 아리스토텔레스에 대한 철저한 주해와 근거 제시를 토대로 판단하고자 했다. 토마스가 분명하게 입증하고자 했던 것은, 그 오류가 아리스토텔레스와 소요학파들에게까지 거슬러 올라가는 것이 아니라 아베로에스에게서 유래한다는 것이다. 그래서 토마스는 아베로에스를 '아리스토텔레스 사상을 타락시킨 자' 또는 '왜곡한 자'로 평가하고 있다. 그밖에도 논쟁 상대들이 논쟁의 중요성을 파악하지 못할 때는 "이 입장을 옹호하고자 하는 사람들은 스스로 아무것도 모르며 다른

## 아베로에스가 틀렸음을 인증하는 토마스 아퀴나스

토마스 아퀴나스가 주석가 아베로에스를 비판하여 승리하는 모습의 모티브는 토마스의 명성이 높아지면서 매우 자주 그려진 모티브 중에 하나이다. 이 그림은 지오반니 디 파올로의 작품으로 세인트 루이스 예술박물관에 소장되어 있다.

이들의 논쟁 상대로 적합하지 않다"고 몰아붙이고, 때로 자신들의 주장을 신앙과 적당히 연결하려 할 때는 분노하기까지 하는 것이다.

우리는 인문학부의 일부 젊은 교수들이 『지성 단일성』을 통해 아베로에스주의자가 되는 것을 포기했을 것이라고 기대할 수 있다. 그렇지만 불행하게도 이 책은 너무도 늦게 출판된 셈이고, 시제 브라방과 동료들이 오류에 빠져 들어가는 것을 막아 내지 못하고 말았다. 물론 시제는 토마스의 영향을 받아서 자신의 이론들을 여러 차례 바꾸었지만, 그는 결코 토마스의 의견을 전적으로 따르지 않았다. 이렇게 토마스의 『지성 단일성』도 점점 더 번져 가는 아베로에스주의의 유포를 막아 내지는 못했다.

토마스는 '지성 단일성'에 대한 논쟁뿐만 아니라 '세계 영원성'에 대한 논쟁에서도 이중의 전선을 대적해야 했다. 극단적 아리스토텔레스주의자들뿐만 아니라, 보수적 아우구스티누스주의자들과도 투쟁해야 했던 것이다. 토마스는 자신에 대해서 가장 분개했던 부류인 프란치스코회의 탁월한 적대자 요한네스 페카무스와 공식적인 논쟁을 벌였다. 페카무스는 우리의 지성이 '신은 창조 이전에 미리 존재하고 있었음'을 증명할 수 있기 때문에, '세상은 절대로 영원으로부터 존재하고 있을 수 없다'고 주장했다. 이를 거슬러 토마스는 『세계의 영원성에 대한 불평론자들을 논박함*De aeternitate contra murmurantes*』이란 소책자를 저술했다. 토마스는 신의 영원성과 창조된 우주의 영원성 사이에 어떠한 양립 불가능성도 발견하지 못했다(ST I, q.46, aa.1-2). 이러한 주장을 통해 토마스는 결코 파리에 있는 동안 아베로에스주의자들을 거슬러 정통신앙을 옹호하려는 입장에만 서 있던 것이 아니라, 자기 자신의 주장 자체도 정통신앙에 거스르는 것으로 의심받는 상황에 놓여 있었다.

결국 토마스의 쇄신을 싫어했던 보수적인 부류에 속했던 파리의 텅피에 주교는 1270년 13개의 '아베로에스주의적인' 명제들을 단죄할 때 토마스 아퀴나스의 두 개의 명제도 포함시켰다. 즉 제1질료는 어떠한 고유 현실도 지니고 있지 않은 '순수 가능성 potentialitas'이라는 명제와, 한 종에 '개별화, '다수화 원리의 가능성'이 존재한다는 명제가 문제가 되었다. 그러나 이 원리의 직접적 귀결 중 하나이며 프란치스코회원들과의 논쟁에서 자주 공격을 받았던 '모든 복합체에의 실체적 형상의 유일성'이라는 가르침은 이상하게도 이 목록에서 빠져 있었다.

토마스는 자신의 두 번째 파리 체류 시기였던 1270년경에 파리대학 인문학부의 젊은 교수들의 안타까운 상황을 체험했다. 그들은 아리스토텔레스를 이해하려고 노력하는 중에 훌륭한 안내서 역할을 하고 있던 아베로에스의 주해서들을 읽었고, 이를 활용하는 과정 중에 이단에 떨어지고 파문당하게 되었던 것이다. 아우구스티누스주의자들의 경우, 1270년경에 이르러 아리스토텔레스에 대한 적대감이 억제할 수 없을 정도로 커져 있었다. 그들은 보수적인 성향을 유지하며 어떤 문제에 대해서든 언제나 아우구스티누스의 권위에 호소하는 것으로 만족했다. 그러나 토마스는 자신이 맡은 신학부 학생들에게도 아리스토텔레스를 가르쳐야 했고, 특히 아베로에스의 이단에 계속해서 빠져들 수밖에 없었던 인문학부 소속 교수들의 위험을 그저 모른 체하고 있을 수가 없었다. 그래서 토마스는 인문학부의 젊은 교수들을 위해서 아리스토텔레스에 충실하면서도 동시에 철학적 관점에서 오류를 담고 있지 않은 그런 '주해서'를 써야 할 의무감을 느꼈다. 토마스 자신은 이미 나폴리대학에서 수학하던 시절과 대 알베르투스의 가르침을 통해 아리스토텔레스 사상에 친숙했고『대이교도대전』과『신학대전』등의 대작을 통해, 그리스도교 진리를 아리스토텔레스의 논리와 언어로 표현해 내는 데 성공하고 있었다. 그러므로 토마스가 자신의 학문적 만족을 위해서라면 아리스토텔레스를 주해할 필요성은 그다지 크지 않았다. 따라서 그의 주해서들은 인문학부 소속 젊은 교수들의 어려움을 도와주기 위해, 그리고 아리스토텔레스의 작품을 토대로 신학적인 논쟁을 진행할 학생들을 위해 자발적인 결단에서 집필된 것이었다. 토마스는 짧은 시간 안에 우연유 contingens의 문제와 그 진리성 문제를 다루는『명제론 주해』, 변증법적 또는 개연적 지식과 궤변론에 대립하는 '학문적' 논의 전개 방식을 평가하는 척도가 무엇인지를 이해하는 데 중요한『분석론 후편 주해』를 비롯하여『윤리학 주해』,『형이상학 주해』,『천지론 주해』,『생성소멸론 주해』,『기상학 주해』등 총 12편에 달하는 아리스토텔레스의 작품들을 주해했다. 이 책들에서 토마스는 외형적으로는 아베로에스와 유사하게 철저한 본문 주해 방식을 취했다. 그렇지만 그는 스승 대 알베르투스의 가르침에 따라 아리스토텔레스의 '글verbum'뿐만 아니라 그의 '의향intentio'까지도 세밀히 분석하기 위해 최선을 다했다. 토마스는 이 과정 안에서 언제나

**성 토마스 아퀴나스의 승리**

피렌체의 산타 마리아 노벨라 성당에 있는 스페인 경당에는 토마스 아퀴나스가 아랍 철학자 아베로에스의 사상에 승리를 거두었다는 사실을 강조하기 위한 벽화가 그려져 있다. 여러 교회 학자들 한 가운데 앉아 있는 토마스 아퀴나스의 발밑에는 아베로에서가 앉아서 골똘히 생각에 잠겨 있다.

**단테에게 태양천에 있는 다른 영혼들을 소개하는 토마스 아퀴나스**

단테 알리기에리는 아베로에스주의에 대한 호감을 지니고 있었던 것 같다. 위쪽에 있는 토마스 아퀴나스와 대 알베르투스가 단테를 만나서 자신과 태양천에 있는 영혼들을 소개하는데 그 아랫 부분에 왼쪽부터 요한 그라티아누스, 페트루스 롬바르두스, 디오니시우스 아레오파기타; 솔로몬, 보에티우스, 파울 오로시우스, 세비야의 이시도르, 공경하올 베다, 성 빅토르의 리카르두스 등과 같은 쟁쟁한 학자와 함께 라틴아베로에스주의를 대표하던 브라방의 시제도 포함되어 있다. 지오반니 디 파올로의 작품.

아베로에스의 해석을 염두에 두고 있으며, 그것을 자주 '오류적인', '타당하지 못한' 등의 표현을 사용하면서 비판하고 수정했다. 그렇지만 논쟁의 중심에 서 있는 자연학과 형이상학 관련 작품들뿐만 아니라 논리학 관련 서적들도 주해했다는 것은 그의 논리학에 기반한 논증을 중시하던 교육자로서의 배려라고 볼 수 있다. 아리스토텔레스 작품들에 대한 주해서에서 나타나는 토마스의 배려가 이해라도 된 듯, 1270년경부터 인문학부의 수많은 젊은 교수와 학생들이 토마스를 따르고 있었다. 이 젊은이들은 무엇보다도 토마스를 경탄스러운 한 거룩한 인물 또는 저명한 교수이자 저술가로 평가하고 있었다. 토마스가 다시 도미니코회 총장의 명령에 따라 파리대학을 떠나야 했을 때, 인문학부의 일부 구성원들이 토마스의 출발을 막거나 적어도 파리로 되돌아오게 하려는 청원이 있을 정도였다.

1272년 여름, 토마스는 파리에 다시 불려 오게 되었던 그의 임무를 끝마쳤어야 했다. 대단한 정열을 기울여 일했고 그의 원숙한 재능에 어울리는 결실들을 얻었음에도 불구하고, 그는 아직도 파리에서 시작했으나 끝내지 못한 『신학대전』과 여러 권의 아리스토텔레스 주해서들의 완성을 뒤로 미루어야 했다.

# 인간 이성의 한계에 대한 자각

## 1273년 12월 6일의 신비체험

토마스가 1272년 부활절을 지나자마자 파리를 떠났을 때, 위에서 언급했던 논쟁들 중에서 어떤 것도 완벽하게 해결되지 않았다. 1272년 6월 피렌체에서 열린 도미니코회 총회에서 토마스에게 자신의 고향 관구 한 곳을 선택해서 수도회 학원을 건설하라는 책임이 맡겨졌다. 토마스는 자신의 학문적 삶의 출발점이었던 나폴리의 산 도메니코 마죠레San Domenico Maggiore 수도원을 선택했다. 이 수도원은 나폴리대학 바로 옆에 있었다. 당시에 시칠리아 왕국을 통치하고 있던 앙주의 샤를 1세는 프리드리히 2세의 사망 후에 쇠락해 가던 나폴리대학에 새로운 활기를 불어넣으려는 일을 시도하고 있었다. 아마도 그가 토마스를 파리로부터 불러오는 데 강한 영향력을 미친 것 같지만, 토마스가 직접 나폴리대학의 교수로서 활동하지는 않은 것 같다. 그는 나폴리대학으로부터 독립되어 있던 도미니코회 학원에서 가르쳤다. 따라서 토마스는 왕이 임명한 교수가 아니었음에도 샤를 1세는 매년 금화 12온스라는 나폴리대학의 교수들이 받는 봉급을 그의 수도원에 지급했다.

　토마스는 자신이 처음으로 아리스토텔레스의 사상을 접했던 나폴리에서 무엇보다도 『신학대전』 제Ⅲ부를 완성하고, 아리스토텔레스 주해서 몇 권을 끝마치기 위해 작업했을 것이다. 그는 1272년 가을부터 1273년 12월 6일까지 강의했다. 그가 이 시기에 행한 시편 1-54편까지의 성서 주해는 그의 박식함을 잘 보여 준다. 파리 체류의 마지막 기간과 나폴리 체류 기간 동안에 토마스는 그가 '사랑스러운 아들'이라고 불렸던 자신의 비서 피페르노의 레기날두스에게 헌정한 두 권의 책을 저술했다. 『신학요강 Compendium Theologiae』과 『분리된 실체론De substantiis separatis』이 그 책들이다. 『신학요강』의 저술 연대에 대해서는 학자들 사이에 이견이 있지만, 이 작품은 뛰어난 완성도와 특별한 가치를 지닌 독창성을 가지고 있다. 이 작품 안에서 목차 구분은 『신학대전』처럼 그렇게 철저하고 치밀하게 이루어지거나 강조되지 않았다. 토마스는 이 책 안에서 다양한 기술 방식을 사용하고 있는데 효과적인 도입부, 일련의 짧게 요약된 증명들, 철저한 해설들, 간략한 요약 등이 그것이다. 그리고 그 구상에는 그리스도의 육화에 대한 토론에서 이미 고대 교회의 그리스도론 논쟁을 반영하고 있다. 그 신비에 대한 올바른 견해는 오류나 이단과의 논쟁에서 성장했기 때문이다. 무엇보다도 다른 방대한 저술에서 지나치게 상세하게 다루어졌던 것들을 교육적인 측면에서 핵심만으로 요약해 주었다는 점은 스승으로서의 배려가 느껴진다.

1269년 파리에서 두 번째 교수직을 맡은 이래, 토마스는 놀라운 작업 속도를 유지해 왔다. 이러한 과정에서 비서인 레기날두스는 토마스가 다른 일에 집중해서 건강을 해칠까 봐 일일이 식사까지 챙겨 주었지만, 토마스의 건강은 나날이 손상되어 갔다. 토마스 아퀴나스는 가끔 모든 것을 잊고 깊은 사색에 빠지기도 했으며, 생애 말기에 이르러서는 신비한 체험이 잦아져 황홀경 속에서 삶을 영위했다고 전해진다.

토마스는 1273년 12월 6일에 성 니콜라오 경당에서 축일 미사를 봉헌하던 도중, 갑자기 무엇엔가 '얻어맞은commotus' 듯했으며, 그 신비한 체험은 그를 완전히 뒤흔들어 놓았고, 완전히 딴 사람으로 만들었다. 그 이후, 토마스는 일체의 저술 활동을 중단해 버렸다. 비서 레기날두스를 비롯한 동료들이 여러 차례 저술을 지속할 것을 청했으나, 그는 "내게 계시된 것에 비하면 이제껏 내가 쓴 모든 것은 한낱 지푸라기만도 못하게 여겨진다네."라는 대답만을 남겼다고 한다. 이 사태를 단순히 '신체적이고 정신의학적인 측면'에서만 바라보면 뇌졸중이거나 지나친 과로에서 오는 번-아웃 상태로 볼 수 있을 것이다. 그러나 이러한 신비 체험을 신앙의 입장에서 바라보면 토마스가 일생 지니고 있었던 신에 대한 사랑이 집약적으로 드러난 사건이라고 할 수 있을 것이다.

## 나폴리의 성 도미니코회 대성당

토마스가 말년에 강의했고 신비 체험을 했던 장소를 방문하기 위해 나폴리의 산 도메니코 대성당을 찾았다. 토마스 아퀴나스의 경당은 예약을 통해서만 방문할 수 있기 때문에 이탈리아 순례를 시작하기 전부터 예약해 놓았었다. 대성당 앞에 도착했을 때, 우리가 예약한 방문 시간은 아직 많이 남아 있어서 그 앞 카페에서 커피를 마시기로 했다. 광장 가운데 우뚝 서 있는 도미니쿠스 성인의 높은 탑을 중심으로 여러 카페와 거리의 악사들, 그들의 음악에 맞추어 춤추고 노래하는 젊은이들을 바라보며 정말로 열정적인 나폴리인들의 일상을 느낄 수 있었다. 탁발수도회인 도미니코회가 도심에 자리잡은 것은 이해가 가지만, 우리가 나폴리에 오기 전에 방문했던 몬테카시노 주변에서는 상상할 수 없는 광경이었다. 심지어 도미니코회의 중심 수도원인 산타 사비나도 아벤티노 언덕의 중심부에 자리하고 있지만 주변은 오렌지 공원 등으로 조용한 편이었기 때문에 중요한 수도원이 이런 광장 곁에 자리잡고 있을 것이라고는 생각하지 못했다. 더욱이 광장에서 대성당으로 들어가는 입구에는 젊은이들이 삼삼오오 모여 앉아 피자나 컵 스파게티 등으로 요기하며 담소를 나누고 있었다.

커피를 마신 후 시간이 좀 더 남아서 주변을 구경하다 우리가 예약한 방문지로 들어가는 다른 출입구가 있다는 사실을 알았다. 좁은 골목길에 있는 큰 표지판은 산 도메니코 대성당의 제의실과 성 토마스 아퀴나스 경당 방문이 가능하다는 것을 알려 주고 있었

**나폴리 산 도메니코 광장의 성 도미니코 조각탑**

산 도메니코 마죠레 대성당 앞에 자리하고 있는 산 도메니코 광장은 카페와 음식적이 즐비한 매우 활기넘치는 광장이다. 그 한 복판에는 이 광장의 이름을 상징하듯 도미니코회의 창시자 도미니코 성인이 화려하게 장식된 탑위에 우뚝 서 있다.

## 성 도메니코 마죠레 성당의 제의방

시칠리아 왕국의 무덤 성당 역할도 했던 성당 답게 제의방이 매우 화려한 박물관으로 꾸며져 있다. 이 공간부터는 일반인에게 공개되지 않고 가이드의 안내를 통해서만 방문 가능하다.

다. 그 안으로 들어서자 내가 예약했다는 사실을 알려 주었는데도 제의실만 볼 것인지, 아니면 토마스 아퀴나스 경당을 비롯한 전체를 볼 것인지를 묻는다. 제의실만 보면 5유로, 모두 보면 10유로라는 안내에 당연히 두 명에 해당하는 20유로를 지불하고 제의실 안으로 들어갔다. 다른 외국인 두 명도 함께 입장했는데, 각 언어로 되어 있는 4장짜리 안내판이 제공되었다. 제의실은 현재도 제의실로 사용되고 있었는데, 이층으로 되어 있는 테라스에는 화려하게 꾸며진 관들이 전시되어 있었다. 대성당의 규모를 고려하더라도 무척이나 크고 고급 목재로 화려하게 장식되어 있었다. 이곳은 아라곤 지방에서 넘어온 '두 시칠리아 왕국'의 왕들이 네 명이나 모셔져 있던 특별한 성당이었기 때문에 이런 규모의 제의실이 존재하는 듯했다. 그리고 도미니코회에서 기도실로 사용했던 오른쪽의 유물실에서는 다른 곳에서는 체험할 수 없을 정도로 가깝게 다양한 유물을 체험할 수 있는 공간이 마련되어 있었다. 이사벨라 스포르차 차라고나 등 왕족들이나 주교들이 입었던 옷을 간직하고 있는 서랍들을 직접 열어서 체험해 볼 수도 있었다. 또한 성인들의 유해를 모시는 다양한 형태의 성광들이 고급스러운 가구 안에 함께 전시되어 있었다.

천천히 구경하고 있을 때, 우리를 입장시켜 준 가이드가 입구 문을 열고 들어왔다. 제의실만을 구경하기로 한 두 외국인을 내보낸 이후에는 그 커다란 제의실에 우리만이 남게 되었다. 그녀는 영어로 가이드를 하면서 자신의 부족한 영어 실력을 계속 미안해했지만, 우리는 이미 제의실에 관한 설명에서도 중요 내용을 이해하는 데 어렵지 않았다.

　기본 안내가 끝난 후, 그토록 오랫동안 기다렸던 성 토마스 아퀴나스 경당으로 올라가는 유리문을 열어 주었다. 이제까지의 분위기와는 전혀 다른 도미니코회 수도원 안으로 들어가게 된 것이다. 좁은 계단을 따라 2층으로 올라가니 무척이나 넓은 복도가 나왔다. 촬영을 하려 하자 이 공간은 현재 도미니코회 수사들이 살고 있는 공간이기 때문에 촬영이 허가되지 않는다고 당부했다. 아쉽지만 토마스 아퀴나스와 유사한 정신으로 계속 살고 있는 도미니코회원들의 방 앞에 놓인 넓은 복도를 침묵 속에 걸어갔다. 수사들의 방 위에는 각각 반달 모양의 커다란 프레스코화가 그려져 있었는데 토마스 아퀴나스가 묵었을 것으로 추정되는 한 방 위에는 토마스 아퀴나스 성인이 도미니코회 수사들과 수녀들을 가르치는 모습이 그려 있었다. 그 그림을 보는 순간 이제는 학생으로서 나폴리에 공부하러 온 토마스 아퀴나스의 행적을 추적하는 것이 아니라, 자신의 만년을 교육에 대한 열정으로 불살랐던 토마스를 추적하는 순간으로 넘어 들어가게 되었다. 수사들의 방을 모두 지나가자 도미니코 성인과 토마스 아퀴나스 성인의 초상화 사이에 작은 문이 나타났다.

　그 문을 다시 통과하자 안내인이 여기부터는 시청사에 속하기 때문에 촬영이 가능하단다. 속으로 '안심이다'를 외치고 몇 발짝 걸어가니 훨씬 더 넓은 복도의 첫째 방에 토마스의 경당에 대한 안내판이 서 있다. 그 안내판 옆에는 '성 토마스 아퀴나스의 방Cella di San Tommaso d'Aquino'이라고 적힌 검은색 표지판이 눈에 들어온다.

**산 도메니코 마죠레 수도원 내부**

현재에도 도미니코회 수사들이 살고 있다. 도미니코회를 대표하는 성 도미니코와 성 토마스 아퀴나스를 그린 그림이 장식되어 있다. 지금도 수사들이 묵고 있는 각 방에는 문 위에 반달 모양의 프레스코화가 그려져 있다. 그 중 한 방에는 성 토마스 아퀴나스가 도미니코회 수사와 수녀들을 가르치는 모습이 그려져 있다. 아마도 이 방에 토마스 아퀴나스도 묵었을 것으로 추정되지만 안을 살펴볼 수는 없어 아쉬웠다.

그 문은 아름다운 부조로 장식되어 있었고 문 위에는 집필하고 있는 토마스의 열정적인 모습이 새겨져 있었다. 방 안으로 들어서자 이제까지 본 근엄하고 몸집이 있는 토마스 아퀴나스가 아니라, 아름다운 청년 토마스가 성령의 감도하심에 따라 책을 집필하고 있는 초상화가 걸려 있다. 나폴리의 화가 프란체스코 솔리메나가 그린 그림이라고 한다. 어느 초상화보다 친근감이 가는 젊고 영감에 찬 모습이었다. 그 위에는 토마스가 강의하러 갈 때 쳤다는 작은 종과 연결된 긴 줄이 늘어져 있다. 그것을 바라보면서 열정적으로 집필하고 제자들을 위해 최선을 다해 강의했던 토마스의 숨결을 체험하는 듯했다.

그 옆 경당에는 토마스 아퀴나스와 관련된 가장 유명한 일화 중 하나인, 토마스에게 말을 걸어오신 예수님의 십자가 이콘이 걸려 있다. 시성 때에 진술했던 산 도메니코 대성당의 제의방 지기의 말에 따르면 토마스 아퀴나스는 현실을 보며 몸이 공중에 떠 있었다고 한다. 또한 훌륭하게 쓴 글에 대한 보상을 토마스에게 물어보시는 예수님께, '당신 이외에는 어떤 것도 원하지 않습니다.'라는 멋진 대답이 바로 이 십자가 이콘 앞에서 이루어졌다는 것이다. 이미 알고 있던 일화이고 오르비에토의 토마스 경당에서도 같은 내용을 들었지만 직접 그 현장을 찾아 왔다고 하니 두 분 사이의 대화가 직접 들리는 기분이었다. 만일 나보고 두 장소 중에 더 그럴듯한 곳을 선택하라고 하면, 나는 나폴리의 손을 들어 주고 싶다. 오르비에토에서도 토마스는 『대이교도대전』, 『황금 사슬』 등의 역작들을 저술했지만, 아직 『신학대전』은 시작도 하지 않았

**나톨리 성 토마스 아퀴나스 경당의 초상화와 수업 시작을 알리는 종**

성 토마스 아퀴나스 경당에 들어서자, 만년의 근엄한 토마스 아퀴나스가 아니라 성령의 감
도함을 받아 집필하고 있는 청년 토마스 아퀴나스의 모습이 그려져 있다. 그 위에는 강의에
들어갈 때 울렸다는 종이 위치해 있다.

### 성 토마스 아퀴나스 경당의 토마스 친필 문서

'읽을 수 없는 문자'라는 별칭으로 불릴 정도 악명이 높았던 토마스 아퀴나스의 친필로 쓴 양
피지도 전시되어 있다. 그 오른쪽에는 같은 내용을 '읽을 수 있는 문자'로 옮겨 놓았다.

던 시기였기 때문이다. 그래서 모든 것을 아시는 예수님이시라면, 아직 쓰지도 않은 『신학대전』 등에 더욱 어울릴 칭찬을 미리 해주시지는 않았을 듯하다.

그 옆의 벽에는 '읽을 수 없는 문자'라고, 악명 높은 깨알 같은 글씨로 적힌 친필 문서가 화려하게 장식된 틀 안에 담겨 있다. 쾰른에서 보았던 그의 글씨와 비교하자면 글자 하나하나 자체는 모양이 이그러졌어도 깔끔하게 정서되어 있는 모습이 오히려 그의 철저함을 느끼게 할 정도였다. 토마스의 친필 사본들은 대부분 바티칸으로 보내졌고, 이곳에서 보존하고 있는 유일한 친필 원본이라고 한다.

더욱이 놀라운 것은 반대편에 있는 성 토마스 아퀴나스의 유해 일부가 벽감 안 유리 성광 안에 자리잡고 있는 것이다. 과거에 볼로냐에서 토마스 아퀴나스의 손가락 유물, 안젤리쿰에서의 작은 성광 안의 뼛조각 등을 보았지만 이렇게 큰 뼈를 이렇게 가까이에서 직접 볼 수 있으리라고는 기대하지 않았기 때문에 더욱 특별한 순간이었다. 토마스 성인이 나폴리의 주보성인이기 때문에 더욱 소중하게 보존되고 있다고 한다. 더욱이 가이드와 우리 둘만이 이것을 체험할 수 있다는 것이 잘 믿기지 않았다.

그 옆에도 아주 중요한 문서가 전시되어 있었는데, 바로 1576년 교황 비오 5세가 토마스 아퀴나스를 성 아우구스티누스, 성 암브로시우스, 성 히에로니무스, 성 그레고리우스 교황과 함께 '교회의 박사'로 인정한다는 내용이 담긴 문서였다. 토마스 아퀴나스의 학문적 업적을 가톨릭교회를 통해서 공식적으로 인정한 순간이

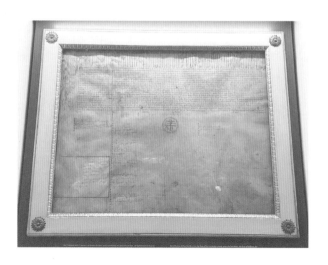

**성 토마스 아퀴나스 경당의 '교회의 박사' 공인 문서**

1576년 교황 비오 5세가 토마스 아퀴나스를 '교회의 박사', 즉 가장 중요한 스승들 중의 한 분
으로 인정한다는 공식 문서가 전시되어 있다.

었기 때문에 이 장소에 있는 것이 더욱 어울려 보였다.

그 옆에 여러 사진들이 전시되어 있었는데, 이 사진들 속에는 토마스 아퀴나스의 유해가 프랑스 혁명군의 파괴를 피해 툴루즈의 생세르냉 성당에 피신해 있다가 1974년 다시 본래 장소인 도미니코회 본원이 있던 생자코뱅 성당으로 이장될 때에 전문가들이 일일이 유해를 검토하고 보존 처리하여 이동시키는 모습이 찍혀 있었다. 그의 유해를 얼마나 소중하게 여겼는지를 사진으로 직접 보는 것은 나에게도 처음 있는 경험이었다.

가이드는 열심히 설명하면서도 자신의 부족한 영어 때문에 종종 미안해했지만, 나에게는 이미 책을 통해서 읽었던 내용의 대부분을 직접 체험하는 것이 목적이었기 때문에 아무런 방해가 되지 않았다. 오히려 이렇게 단 두 명의 방문자를 위해서 열심히 설명하고 안내해 주는 것이 무척이나 고마웠다. 안내가 끝난 후, 감사 인사를 전하고 다시 수도원을 거쳐 어두운 대성당 안으로 되돌아왔다. 대성당의 제대 앞에 앉아서 방금 전에 보고 온 유물들에서 받은 감동을 추스르면서 이런 기회를 주신 주님께 감사 기도를 드렸다. 그리고 둘러보니 대성당 안에는 다양한 형태로 성 토마스 아퀴나스의 사상을 일반인들에게 전달하기 위해 마련된 『신학대전』 윤독회와 강연들에 대한 안내문들이 붙어 있었다.

들어갔던 입구와는 달리 광장 쪽에 있는 대성당의 정문으로 다가가면서 짧은 시간이었지만 이곳에서 체험한 토마스 아퀴나스가 생활한 공간이 비현실적으로 다가왔다. 정문을 나서자 아까보다 훨씬 더 많은 사람이 모여 있는 시끌벅적한 광장의 모습이 더욱 크게 대조되었다. 도미니코회 수사들, 특히 토마스는 여러 차례 대표 설교자 역할을 맡았기 때문에 광장에서 일상을 보내고 있던 이들에게 설교를 해야 했을 것이다. 토마스가 살고 공부했던 수도원과 광장의 뚜렷한 대조는 나에게 매우 신선하게 다가왔다. 토마스는 도시에서 멀리 떨어진 조용한 수도원에서 고고하게 명상한 결과를 책에 적었던 것이 아니다. 오히려 그는 치열하게 대학에서 공부한 내용을 시끌벅적한 일상을 보내는 사람들에게 전달하고자 했고, 그것이 여의치 않을 때는 적어도 그런 일상과 관련된 세속 학문들과 조화시키려 했던 것이다. 나폴리 산 도메니코 수도원과 그 앞에 있는 활기찬 산 도메니코 광장의 극명하게 대조되는 분위기가 토마스 아퀴나스의 학문적 사명을 이해하는 데 작은 단서를 제공해 주었다.


## 포사노바 수도원 방문


토마스는 나폴리에서의 신비 체험 후에 건강이 악화되었지만, 교황 그레고리오 10세(Gregorius X, 1210~1276, 재위 1271~1276)는 제2차 리옹Lyon 공의회를 앞두고 다른 유명 신학자들과 함께 토마스도 공의회에 참석하도록 요청했다. 이 공의회는 동방 그리스 정교와 서방 가톨릭교회 간의 화해를 모색하기 위한 것이었다. 토마스는 건강이 좋지 않아 도보로 움직이던 평상시와 달리 말(또는 나귀)을 타고 로마 방향으로 이동하던 도중에, '길 가운데 가지를 늘어뜨리고 있던 나무에 머리를 부딪혀' 말에서 떨어지고 말았다. 다행히 인근에 있던 그의 조카 딸 프란체스카가 머물던 마엔차 성으로 옮겨져 치료를 받았지만 병세는 더욱 악화되었다. 1274년 2월 말쯤에 자신의 죽음이 다가오는 것을 직감한 토마스는 수도사가 일반인의 집에서 죽을 수 없다면서 그 근처의 시토회 포사노바 Fossanova 수도원으로 옮겨 달라고 요구했다. 병든 토마스를 맞아들인 포사노바의 수사들은 인내와 부드러움과 겸손의 표본이었던 토마스에게 아주 정중했고, 온갖 정성을 다해 돌보아 주었다. 토마스는 죽기 3일 전 주일에 레기날두스에게 평생의 죄를 총 고백했고, 영성체를 받아 모셨다. 토마스는 건강을 끝내 회복하지 못하고 1274년 3월 7일에 세상을 떠났다. 테라치노의 프란치스코회 주교 프란치스코와 4~5명의 동료 수사들, '수많은' 도미니코회원들, 수도원의 100여 명의 수사와 평신도들이 토마스의 임종석상臨終席上에 모여 있었다. 일화에 따르면 회복이 힘든 토마스에게 시토회 수사들은 성서에 대한 강해를 부탁했다고 한다. 토마스가 아가서를 펴서 해설하던 도중에 선종했다는 설이 있다. 그러나 일부 학자는 나폴리에서의 극적인 체험 이후에 절필했던 토마스가 마지막에 다시 성서를 해설했을 가능성에 대해 의문을 제기한다.

우리는 이 포사노바 수도원을 방문하기 위해, 나폴리를 떠나서 토마스 아퀴나스가 1274년 리옹 공의회에 참석하기 위해 떠났던 방향으로 차를 몰았다. 책에서는 너무 자주 읽었지만 아직까지 방문하지 못했던 포사노바 수도원으로 가기 위해 사전에 안젤리쿰

**포사노바 수도원 성당의 외부**

지금도 포사노바 도시의 성당으로 사용 중인 소박한 모습의 성당이다. 성 토마스의 유해가 툴루즈로 옮겨가기까지 95년 동안 이곳에 머물렀다.

에서 만났던 실바 수녀의 도움을 받았다. 만남 이후에 바로 도미니코회의 루즈 데 알마Luz de Alma 수녀에게 연락을 했고, 안타깝게도 수녀님이 외국에 계셔서 직접 도움을 주기 어렵자 포사노바 인근 수녀원에서 생활하면서 포사노바 수도원 성당의 사목을 돕고 있던 심플리시티Mary Dove of Simplicity Willis 수녀를 소개해 주었다. 대부분의 이태리 시골 성당들은 12시에서 오후 4시경에 문을 닫지만 우리의 일정을 고려하여 심플리시티 수녀가 우리의 도착시간에 맞추어서 기다려 주겠다는 연락을 주었다.

그 수녀의 설명에 따라 수도원의 정문에 해당하는 돌문이 아니라 성당 뒤편의 커다란 주차장에 도착했다. 연락을 드려야 하나, 하는 순간 환한 미소를 띤 심플리시티 수녀가 우리 차로 다가오셨다. 어떤 언어로 대화해야 할까 걱정할 때, 한 수녀가 완벽한 영어로 우리를 반겨 주셨다. 알고 보니 아르헨티나에 생긴 수도회에 입회하신 미국 수녀였다.

심플리시티 수녀는 수도원 성당 앞에서 이곳에는 이미 로마 시대의 빌라 유적이 있고, 6세기부터 베네딕토회 수도원이 있다가 12세기에 시토회로 수도원이 넘어갔다고 설명해 주었다. 이 대성당이 1208년에 시토회에 의해 세워졌으니, 토마스가 실려 왔을 때는 시토회 성당의 전형적인 모습을 드러내고 있는 이 성당도 존재하고 있었을 거다. 30분 거리에 있는 카사 마리에는 이 성당과 쌍둥이처럼 닮은 성당도 있단다. 이 성당까지는 교황령에 속했고, 뒤에 있는 산 너머는 나폴리-시칠리아 왕국의 땅이었다. 따라서 처음에는 전략적인 중요성을 띠고 있었지만 점차 그 중요성을 잃

**토마스 아퀴나스가 포사노바 수도원 성당에 처음 묻혔던 장소**

시토회 수사들은 토마스의 시신을 처음에는 많은 이들이 바라보며 기도할 수있도록 성당의 중앙에 모셔 놓았다. 그러나 도난을 우려해서 나중에 다른 곳으로 옮기게 된다.

인간 이성의 한계에 대한 자각

게 되었다. 심플리시티 수녀가 열쇠를 가지고 열어 주어서 규모는 작지만 아름다운 장미창과 고딕식 정문을 지닌 수도원 성당 안으로 드디어 들어갔다.

성당은 매우 소박한 고딕 양식으로, 현재 일반 본당으로 사용되고 있기에 의자로 가득 차 있었다. 수녀는 자신이 이곳에 올 때마다 만나게 되는 이 조용함이 너무 좋다고 말한다. 화려한 장식이나 조각도 없이 오직 신에게만 집중할 수 있는 구조가 마음에 든단다. 성당 안에 워낙 장식이 없어서 '시토회의 정신에 따라 워낙 그렇게 지어졌나 보다.'라는 생각도 들었지만 자세히 바라보니 오래된 프레스코화의 흔적들이 있어서 세월의 풍상에 의해 지워졌다는 사실을 알게 되었다. 이 수도원도 정치적 폭풍으로부터 자유롭지는 못해서 프랑스 혁명 후 프랑스 군인들이 들이닥쳤을 때 시토회 수사들은 모두 피신했다고 한다.

심플리시티 수녀는 제대 방향으로 나아가다 교차 회랑 직전, 바닥에 독특한 십자가 모양이 있는 위치에 서서 설명해 주었다. 본래 이곳에 토마스 아퀴나스가 선종하신 후에 처음에 유해를 모셨다고 한다. 95년 동안 유해를 모시고 있었는데 도미니코회에서 지속적으로 유해의 반환을 요구하자 유해를 탈취당할 것을 두려워해서 제대 뒤편의 한 곳에 유해를 숨겨 놓았단다. 지금은 그곳에 흔적만 남은 토마스 성인의 프레스코화와 일부는 지워진 문자로 '이곳에 거룩한 토마스 아퀴나스의 유해가 남아 있었다.'라는 글만이 적혀 있었다. 결국에는 교황까지 중재에 나서서 토마스 성인의 유해는 도미니코회 본원이 있는 툴루즈로 보내졌고, 바로 그

---

**토마스 아퀴나스의 시신을 숨겨놓았던 장소 설명**

포사노바 수도원 성당의 제대, 왼쪽 구석의 벽에 토마스의 유해를 숨겨 놓았던 장소가 표시되어 있다. 함께 있었던 프레스코화는 사라지고 '이곳에 거룩한 토마스 아퀴나스의 유해가 남아 있었다.'라는 구절만이 남아 있다.

유해를 옮기는 1월 28일이 전체 교회력에서 토마스 성인의 기념 축일이 되었다. 그러나 이곳 포사노바가 있는 교구에서는 유해의 이동일이 아니라 성인이 사망한 3월 7일을 계속해서 기념일로 삼아서 유해를 모시고 있던 자존심을 지키고 있단다.

성당 제대 왼쪽 경당에는 토마스 성인의 조카 프란체스카가 그려진 프레스코화가 있었는데 책에서도 읽지 못했던 흥미로운 일화에 대해 들었다. 조카 집에 머물고 있을 때 심하게 아팠던 토마스는 갑자기 청어Hering가 먹고 싶어졌다. 프란체스카는 시장에 나가서 청어를 찾았지만 이 지역에서는 전혀 청어를 구할 수 없었다. 그래서 다른 보통 물고기를 사 가지고 돌아왔는데, 마침내 집에서 뚜껑을 여는 순간 그 안에 청어가 들어 있었다고 한다. 아마도 그 청어를 먹고 힘내서 일반인의 집에서가 아니라 수도원에서 선종하기 위해 이곳 포사노바 수도원으로 왔을 것이다. 토마스와 관련된 장소를 기념하기 위해서 지금도 가끔 2시간 정도 걸리는 마엔차에서부터 4시간 정도의 행렬을 지어 수도원까지 순례한다고 한다. 경당 옆의 북쪽 문은 수도회의 묘지로 연결되어서 그 위에는 부활하는 장면이 그려진 프레스코화의 흔적이 남아 있었다.

성당 우측에는 수도원으로 가는 두 문이 있었는데 밤에 사용하는 좁은 계단 위의 문과 낮에 사용하는 넓은 문이 있었다. 수녀님께서는 성당 우측에 있는 넓은 문을 열고 수도원 쪽으로 우리를 데려갔다. 그 문을 열자 전형적인 수도원의 사각형 회랑이 나타났다. 회랑 밖의 정원에는 레몬 나무에 레몬이 가득 달려 있었다. 환한 햇살 속에 드러난 평화로운 수도원 정원을 보면서 토마스 성인

**포사노바 수도원의 사각 회랑**

포사노바 수도원은 시토회의 전통에 따라 전례 기도 등을 중시했기 때문에 중세의 전통적인 수도원 모습이 그대로 남아 있었다. 궂은 날씨에도 기도할 수 있는 사각 회랑은 그 중에 하나이다. 수도원의 조용한 정취가 가장 잘 묻어나는 곳이다.

**포사노바 수도원 안쪽 정원의 레몬나무들**

수도원의 정원에는 12월 초인데도 싱그러운 레몬 나무가 햇살을 가득 받고 청량함을 뿜어내고
있었다. 토마스가 자신의 마지막 시간을 수도원에서 보내려 했던 이유를 조금 알 것 같았다.

의 마지막 휴식 장소로 굳이 자신의 수도원이 아닌데도 이 수도원을 택했던 마음을 어느 정도 이해할 수 있을 것 같았다. 성당의 가까운 회랑에는 무거운 전례 서적들을 보관하던 돌로 된 책장의 흔적이 남아 있었다. 성무일도와 전례를 중시하는 시토회의 전통을 고려한 적절한 배치로 느껴졌다.

회랑을 따라 걷다 보니 시토회의 중요한 회합이 열리는 공동 공간 '대회의실Chapterroom, Kapitelsaal'이 나타났다. 베네딕토회 전통 규칙에 의해 수사들에게 충고하고 중요한 결정을 내리는 공간이다. 상당히 넓은 공간이었는데 그 안으로 들어갈 때는 겸손하게 몸을 굽히도록 들어가는 문은 작게 만들어져 있었다. 아마도 토마스 성인이 이곳에 도착했을 때 시토회의 모든 수사가 나와서 이미 신학자로서 명성을 떨치고 있던 그를 이곳에서 영접했을 것이다.

회랑을 더 걸어가다 보니 매우 커다란 규모의 수도회 식당이 나왔다. 지금은 식탁과 걸상이 모두 한 구석으로 치워져 있는 빈 공간이었지만 그 규모로 보아 매우 많은 수사가 함께 생활했다는 사실을 알 수 있었다. 식당 옆에는 수사들이 식사하기 전에 영적 도서를 읽었던 독서대도 남아 있었다. 부엌과의 사이에는 좁고 긴 틈이 있어서 그곳으로 음식을 옮길 수 있는 실용적인 구조도 눈에 띄었다. 식당 바닥에는 유리로 장식된 곳이 있었는데 한 층 정도 아래에는 베네딕토회가 사용했던 옛 수도원의 유적을 희미하게나마 바라볼 수 있다.

가는 도중에 아름답게 장식된 정화 장소Lavaro를 지나가게 되었다. '기도하고 일하라Ora et labora'는 베네딕토회의 전통에 따라 밭에

가서 일하고 돌아오던 수사들이 성당에 들어가기 전에 분수 형태로 생긴 장소에서 손과 발을 씻고 들어오는 장소였을 것이다. 중앙에는 나중에 발견된 로마의 원형 식탁을 놓아 운치를 자아냈다. 낡았지만 푸른 나무들과 어울려 무척이나 아름다운 풍경을 만들어 내고 있었다.

나오다 보니 내가 기대했던 수도원 안에서의 평등한 생활과는 차이가 나는 설명도 들었다. 방금 전에 지나온 큰 식당은 소위 기도 수사들, 즉 성무일도를 바치는 것을 주된 사명으로 하는 수사들이 식사하는 곳이라 한다. 일반적인 수도원의 생활을 책임져야 하는 생활 수사들은 별도의 공간에서 식사를 하고 있었다. 또한 생활공간도 좁은 통로를 통해서 연결되어 있는 별관에 마련되어 있었다. 토마스 성인이 마지막 선종한 장소는 바로 그 생활 수사들의 경당이라는 설명을 듣고 수녀님을 따라나섰다.

정원을 돌아 나온 우리는 20~30m 떨어져 있는 생활 수사들의 공간으로 다가갔다. '성 토마스 단지Blocco di San Tommaso'라는 이름이 붙어 있는 건물에도 미사를 할 수 있는 중간 정도 규모의 경당이 마련되어 있었다. 그곳을 지나 아주 좁은 돌계단을 올라가니 '성 토마스의 경당La cappella di San Tommaso'이라 이름이 붙은 작은 경당이 나타났다. 우리가 들어갔을 당시 한 젊은 수사가 무릎 꿇고 열심히 기도하고 있었는데 방문자들이 온 것을 배려해서 자리를 비켜 주었다.

그 경당의 제대 위에는 '토마스, 전 세계의 더욱 밝은 빛'이라고 쓰여 있었고, 성서를 들고 비스듬히 앉아 있는 토마스 성인을 왼편으로 시토회 수사들이 둘러싸고 있는 모습이 부조로 표현되어 있었다. 유명한 조각가 베르니니의 제자들이 작업했다는 이 부조는 수도원 성당 안에 희미한 프레스코화로 그려져 있던 것과 같은 모티브였다. 바로 왼쪽에 있는 수사는 토마스의 마지막 말을 한 마디도 놓치지 않고 받아 적을 준비를 하고 있었다. 토마스의 오른쪽에는 스승의 죽음이 다가온 것을 예감하여 비탄에 잠긴 한 수사, 아마도 그의 비서 피페르노의 레기날두스의 모습이 뚜렷하게 표현되어 있었다. 그는 토마스 성인의 죽음을 애도하는 모든 이의 마음을 대신하고 있는 듯이 느껴졌다. 우리가 사진 촬영을 하는 짧은 시간 동안에도 심플리시티 수녀는 제대 앞의 장궤틀에서 무릎을 꿇고 깊이 침잠하여 기도하고 있었다.

토마스 성인의 마지막 선종 장소를 보고 나오면서 49세의 가장 왕성하게 활동할 나이에 선종하셨다는 점에서는 안타까웠지만, 훨씬 더 오래 살고도 하지 못할 놀라운 작품들을 남겼다는 점에서 자신의 사명을 완수한 분에 대한 존경심이 더욱 커졌다. 『신학대전』을 비롯한 전체 작품에서 그가 그토록 갈망하던, 하느님을 직접 바라보는 '참행복Visio beatifica, 至福直觀'을 누리게 되신 영광의 장소라는 생각도 들었다. 경당 제대 쪽 아치 옆에는 '새로운 해자를 의미하는 포사노바로부터 토마스 아퀴나스가 지닌 영광의 빛이 세계로 퍼져 나갈 것이다.'라는 문구가 새겨져 있었다. '벙어리 황소가 입을 여는 순간 전 세계가 놀랄 것이다.'라는 대 알베르투스의 예언이 완성된 장소에 남아 있는 글이다.

정말 짧은 시간이었지만 지극한 환대로 우리에게 수호천사나

여행자를 돕는 라파엘 천사와 같은 역할을 해준 심플리시티 수녀에게 식사라도 대접하고 싶었다. 그렇지만 그 수녀는 공동생활에 참여해야 한다는 이유로 정중하게 거절하고 15분 거리에 있다는 본인의 수녀원으로 홀연히 사라졌다.

나와 내 아내는 수도원에서 나와서도 몇 번이나 그쪽을 바라보았다. 점심 식사를 위해 수녀가 알려 준 마을 공동회관 쪽으로 걸어 오다 뒤돌아보니, 수도원 성당 앞에서는 보이지 않던 어마어마한 산이 수도원을 감싸고 있는 모습이 보였다. 이러한 풍광은 우리나라 병산서원에서 본 것과 같이 방문자들을 압도하는 모습이었다. 그 모습을 바라보자니 왜 시토회 수사들이 일체의 방해를 받지 않는 이곳에 수도원을 세웠는지가 이해되었다. 또한 이곳이 자신의 사명을 완수한 토마스의 선종 장소로 적합해 보인다는 생각까지 들었다.

---

**성 토마스 아퀴나스의 임종 장면을 묘사해 주는 제대 뒤의 부조와**
**그 앞에서 기도에 침잠해 있는 심플리시티 수녀**
성 토마스 단지, 2층에 자리잡고 있는 '성 토마스의 경당'이 바로 토마스 아퀴나스가 임종을 맞이했던 장소이다. 그 당시의 모습을 생생하게 보여주는 부조가 제대 위에 자리잡고 있다.

# 프리베르노 대성당의 유골 찾기

유명한 신학자였지만 자기 수도원 소속이 아닌 토마스 아퀴나스를 극진히 돌본 시토회 수사들의 아름다운 선행은 토마스가 선종한 후에는 그다지 아름답게 진행되지 않았다. 자기 수도원을 찾은 토마스 성인의 유해를 보관하고 있는 것만으로도 수도회의 위상과 그 유해를 보기 위해 찾아오는 순례객들의 행렬로 수도원 생활에 도움이 되었을 것이다. 도미니코회의 입장에서는 자신의 가장 중요한 신학자 중 한 분의 유해를 낯선 수도원 성당에 계속 모셔둘 수는 없었다. 그래서 지속적으로 반환을 요구했지만 시토회 수사들은 이를 수용하지 않았다. 오히려 도미니코회 수사들이 강제로라도 유해를 찾아갈까 봐 다른 장소로 이장해 감추어 두기까지 했다.

결국 도미니코회는 토마스 아퀴나스를 성인으로 추대하는 시성 과정에서 교황청을 통해서 유해의 반환을 요구했다. 교황의 명령에 따라 어쩔 수 없이 유해를 반환하게 된 시토회는 그다지 마음이 편하지 않았을 것이다. 섬뜩한 전설에 따르면, 시토회의 한 수사가 유해를 온전히 돌려주는 것이 못마땅하여 토마스 성인의 머리를 절개하고 다른 사람의 머리로 대체했다는 것이다. 되돌아간 유해는 그 사실을 모른 채, 도미니코회의 출발지이자 당시에 본원이 있었던 툴루즈의 생자코뱅 성당에 모셔졌다.

그러나 남겨진 머리는 포사노바 수도원에 숨겨 있다가 시토회 수사들이 포사노바 수도원을 떠날 때 프랑스군의 약탈을 우려하여 자기 수도회가 속해 있던 본당인 프리베르노Priverno 대성당에 맡겨 놓았다 한다. 그러나 그것을 맡긴 시토회 수사들은 돌아오지 못했고 그래서 토마스의 진짜 두개골이 포사노바에서 차로 10여 분 거리에 있는 프리베르노 대성당에 모셔져 있다는 것이다. 이러 한 사실은 나도 여행을 처음 기획할 때에는 알지 못했다. 그러다 안젤리쿰에서 실바 수녀를 만나서 프리베르노 대성당도 꼭 가보 라는 말씀을 들은 후 찾아보고 나서야 이런 일화를 알 수 있었다.

학자들 사이에서도 의견은 갈리지만, 포사노바 수도원까지 왔 다가 가까운 거리에 있는 장소를 가보지 못하는 것이 아쉬워서 그 곳을 찾아 나섰다. 실바 수녀에게 길이 매우 좁다는 이야기를 들 었지만 프리베로노 마을로 들어서자 차 한 대가 지나가기도 힘들 정도의 좁은 길이 이어졌다. 또한 어쩐 일인지 내비게이션마저 여 러 차례 좁은 길을 오르내리도록 만들었다. 간신히 대성당 앞에 주차하고 성당에 들어가 보려 하는데 성당 문은 굳게 닫혀 있다. 마침 옆 박물관에서 청소를 마치고 나오는 분들이 있어서 물어보 니 토마스의 유해에 대해서는 아는 바가 전혀 없었다. 당황해서 어떻게 해야 하나 하고 망설이고 있을 때 그 박물관에서 매우 우 아해 보이는 두 여인이 나왔다. 그분들께 짧은 이탈리아어로 문의 하니 토마스의 유해가 있는 성당이 맞다고 확인해 주었다. 그래서 내가 토마스에 관한 책을 쓰기 위해 멀리 한국에서부터 왔다고 말 하자 그 정성이 통했는지 한 여성이 갑자기 성당 앞에 가서 거기 써 있는 번호로 전화를 걸기 시작했다. 결국 성당 관리자와 통화 가 되었고 바깥에 나가 있는 사람을 불러서 성당 문을 열어 달라고 요청한 것이다. 내 짧은 이탈리아어로 대화가 어렵다는 사실을 확인한 그 여성은 지나가던 지인을 불러서 영어통역까지 부탁했다. 그 통역을 통해서 알아보니 그분은 로마의 옛 조각상들을 거대한 화폭에 옮기는 작업을 주로 하는 유명한 미술가 지오반나 캄폴리Giovanna Campoli 씨였고, 통역을 맡은 분은 나폴리 교향악단의 연주가였다. 두 사람 다 종교 미술과 음악에 관심을 가지고 있었고 그래서 우리를 더욱 열심히 도와준 것이었다.

우리는 감사하게도 두 사람의 도움을 받아서 토마스 성인의 두개골 유물을 찾을 수 있었다. 대성당의 오른쪽에는 '성인들아 주님을 찬미하여라'라는 문구가 적힌 경당이 있었다. 그 제대 위에 있는 붉은 천 앞에 다섯 개의 유리 성합이 진열되어 있고, 가장 위에 토마스의 유골이 놓여 있었다. 유해가 있는 반대편에는 예수 그리스도의 수난과 고통을 극적으로 표현한 중세 후기의 전형적인 경당도 눈에 띄었다. 프리베르노를 찾아 오는 과정에서 이 도시의 옛 이름이 피페르노라는 사실도 알게 되었다. 내가 번역한 토마스 아퀴나스의 『신학요강』이 그의 비서였던 레기날두스에게 헌정되었는데, 그가 바로 이곳 프리베르노 출신이었다. 아이러니하게도 토마스 유해의 일부가 그를 가장 존경했던 제자의 고향 대성당에 안치된 셈이다. 그 유골의 진위 여부는 내가 판단할 수 없지만, 토마스 성인에 대한 존경심으로 유해를 모시고자 하는 마음은 어느 정도 이해할 수 있었다. 프리베르노와 같은 작은 마을에서 이런 유해를 가진 덕분에 한국으로부터 찾아온 나와 같은 여행자가 찾아올 수도 있으니 말이다.

**프리베르노 대성당**
프리베르노 대성당. 토마스의 비서이자 애제자 피페르노의 레기날두스의 고향에 위치한 대
성당에 성 토마스 아퀴나스의 두개골이 보존되어 있다는 일설에 따라 대성당을 어렵게 찾았
으나 문이 굳게 잠겨 있었다.

**프리베르노 대성당에 보존되어 있는 토마스 아퀴나스의 두개골**

지역 주민들의 도움으로 굳게 닫혀 있던 프리베르노 대성당의 문이 열렸다. 성당 오른편에
성 토마스 아퀴나스의 두개골이 모셔진 경당이 위치하고 있다. '성인들아 주님을 찬미하여
라'라고 적혀 있는 경당의 제대 위에 다섯 개의 성유물이 모셔져 있는데, 그 가장 위에 있는
두개골이 성 토마스 아퀴나스의 두개골을 한 시토회 수사가 반환하지 않고 숨겨 놓았다고
전해지는 유물이다.

프리베르노 대성당 자체 안에는 더 이상 주목할 만한 예술품이나 특이상황은 없었다. 그렇지만 그 안에 들어오는 것을 도와준 친절한 프리베르노 주민들에게서 나는 오히려 더 큰 감동을 받았다. 여행에는 항상 기대했던 것보다 더 좋은 것과 더 나쁜 것이 있게 마련인데 프리베르노에서 받은 후의는 계속해서 기억날 것 같다.

# 논쟁과 시성

## 1270년과 1277년의 단죄

토마스가 죽었다는 소식이 파리에까지 전해지자 1274년 5월 파리대학 총장과 운영진은 토마스 수사의 죽음에 대한 깊은 애도의 정을 표시했다. 그리고 "자신들이야말로 젊을 때부터 이곳 파리에서 자라나고 교육받고 성숙되었으며 나중에는 그 보답으로 두 차례나 교수직을 맡았던 토마스가 이 세상 모든 대학 도시들 가운데 가장 고상한 파리에 묻힐 수 있기를 간절히 바란다."고 밝혔다. 이와 더불어 토마스가 저술했지만 자신들이 소유하지 못한 세 권의 책을 보내달라고 요구할 정도로 존경심을 표했다.

그러나 이와는 대조적으로 파리의 대주교 텅피에는 라틴 아베로에스주의자들에게 내려졌던 1270년의 단죄를 본격적으로 검토하려는 교황 요한 21세의 뜻을 거슬러서, 1277년 219개의 명제를 급하게 단죄했다. 이렇게 단죄한 명제 목록 속에는 토마스가 주장했던 가르침들도 10여 개가 들어 있었다. 이러한 단죄는 옥스퍼드

에도 영향을 주어서 같은 도미니코회원이면서도 토마스의 이론에 반대했던 로베르투스 킬워드비와 프란치스코회원이자 토마스의 가장 강력한 적대자 요한네스 페카무스도 같은 방식으로 단죄를 이어갔다. 안타깝게도 그 당시 토마스의 수많은 제자들이나 필사자들 중에는 본격적으로 그의 사상을 이해하고 옹호할 제자들은 많지 않았다. 오히려 이렇게 성급하고 부주의한 단죄를 거슬러서 누구보다도 열정적으로 토마스 아퀴나스 사상의 정통성을 옹호한 것은 80세에 가까운 고령의 대 알베르투스였다. 최고의 멘토였던 알베르투스는 자신보다 먼저 죽은 제자 토마스에 대해 계속해서 애정을 보여 주었던 것이다. 토마스의 시성 심사 과정에서 한 증언에 따르면, 토마스가 죽은 다음에 연로한 알베르투스는 자기 제자에 대한 기억을 안고 파리를 거쳐서 쾰른으로 돌아오자마자 토마스의 모든 작품을 다시 읽기를 원했다. 독서를 마친 알베르투스는 감탄하며, "토마스 형제가 그의 작품들 속에서 세상 끝날 때까지 이루어질 모든 목적을 달성했기 때문에, 이제부터 모든 추후의 노력은 무익할 것이다"라고 말했다고 한다. 대 알베르투스의 권위에 힘입어 도미니코회는 1286년에 "모든 수사들은 거룩한 스승 토마스 아퀴나스 수사의 가르침을 전파하거나 적어도 옹호할 수 있을 만큼 철저히 연구할 의무가 있다"고 선언했다. 그러나 같은 도미니코회원이면서도 토마스의 견해에 반대했던 생푸생의 두란두스(Durandus of St. Pourcain, 1270/1275?~1332)와 같은 학자는 격렬한 비판을 20년가량 이어갔다.

이렇게 토마스의 가르침에 대한 찬성과 반대가 이어지고 있던 도중에, 도미니코 수도회와 포사노바의 시토 수도원 주변에서는 '토마스 공경'이 번지고 있었다. 이에 참여한 모든 사람이 그의 신과 이웃에 대한 깊은 헌신, 순진무구한 단순성, 대단한 겸손, 순결성, 소박함, 순명에 대해 찬탄했다.

1316년 새 교황 요한 22세(Ioannes XXII, 1245~1334, 재위 1316~1334)는 토마스의 '시성'에 관심을 가졌고, 본격적으로 시성을 위한 조사를 명령했다. 굴리엘모 토코, 당대의 가장 뛰어난 교회사가 톨로메오 루카, 아비뇽 교황청에 있던 구이 등이 이를 위한 준비에 참여했다. 이 과정에서 시성식을 반대할 책임을 지고 있던 '악마의 변호인advocator diabolus'은, 토마스가 생시에 아무런 기적도 행하지 못했다는 명백한 사실을 강조했다. 그러나 교황 요한 22세는 이를 받아들이지 않았고, "토마스는 그가 문제들을 해결할 적마다 그만큼의 기적을 행한 것이다"라고 선언했다고 한다. 1323년 7월 토마스 아퀴나스 수사의 시성식 경축 행사에서 교황은 "사도들과 교회의 교부들에 이어 토마스는 그 누구보다도 더욱 진리를 명확하게 밝히고 설파했다."라고 설명한 후, 그를 '거룩한 로마 교회의 성인'으로 선포했다. 시성식에 이어서 파리의 대주교는 "1277년 파리의 단죄와 파문 가운데서 토마스의 가르침에 관련되거나 아니면 관련되는 듯한 모든 명제를 삭제한다."라고 선언했다.

28.         *E. van Panderen.*

*Cùm verò visum eſſet Domino nouis et egregijs miraculis indies*
*mirificare Sanctum suum, multorum Principum et totius orbis inſtan-*
*tia, poſt maturum et ſincerum ab Archiepiſcopo Neapolitano Episcopoque*
*Viterbienſi factum examen communi totius Ecclesiæ, Pontificiſque Ioannis XXII.*
*conſensu, in Sanctorum numerum Auenione translatus eſt, anno 1323.*

**교황 요한 22세에 의해서 1323년 성인으로 선포된 토마스 아퀴나스**
시성 심사에서 기적이 부족하다라는 '악마의 변호인'의 주장에 대해서 교황은 성 토마스의
작품 하나 하나가 기적이라는 말로 물리쳤다고 전해진다. 오토 반 빈 동판화

## 시신이 포사노바에서 툴루즈로 옮겨짐

15세기에 들어서며 성 토마스를 공경하는 사람들의 수는 급격하게 늘게 되었고, '천사적 박사Doctor angelicus'라는 호칭이 자주 사용되었다. 도미니코회는 토마스의 시성 이후 자기 수도회의 가장 중요한 성인의 유해를 돌려줄 것을 지속적으로 요청하고 있었다. 토마스에 대한 공경이 더욱 활발해지면서 성 토마스의 유해를 보존하고 있던 포사노바의 시토 수도원은 유해를 도난당할까 봐 노심초사하면서도 순례하기 위해 찾아오는 사람들을 즐겁게 맞이하고 있었다. 포사노바의 시토회 수사들은 토마스의 유해를 자신들이 계속 차지하고자 여러 차례 자신들의 정당성을 강변했다. 그러나 1369년 교황 우르바노 5세는 결국 오랫동안 시신을 차지하고 있던 그들에게 토마스의 유해를 도미니코회원들에게 넘겨 줄 것을 명했다. 결국 성 토마스의 유해는 도미니코회의 본원이 있었던 툴루즈로 옮겨졌다. 토마스가 리옹 공의회에 참석하기 위해 떠났던 여행은 나폴리에서부터 도미니코회가 처음 시작된 툴루즈에서 끝맺게 된 것이다. 프랑스 대혁명 이후 잠시 임시 거처에 모셔졌지만, 오늘날 성 토마스의 유해는 툴루즈에 있는 생자코뱅 수도원에 모셔져 많은 순례객을 맞이하고 있다.

29. Dolebat vniuerfus Ordo Prædicatorum tantum thefaurum fub alienis tutoribus contineri : vnde totius Ordinis nomine Generalis a Pontifice impetrauit, facrum vt corpus Tholofam potiffimum, idque multis de caufis, transferretur. Occurrit facræ huic traslationi Galliæ Regis frater Dux Andegauenfis, magna homi nium multitudine ftipatus; vt fupra CL. hominum millia eo conuenifse dicantur.

**성 토마스 아퀴나스의 관은 툴루즈의 생 쟈코뱅 성당으로 옮겨졌다**

성인의 관을 들고 있는 네 명의 수도사, 다른 수도사, 왕 및 여러 주교가 전경, 배경에 큰 교회가 있는 도시, 오토 반 빈 동판화

## 툴루즈의 생자코뱅 수도원 순례

우리가 툴루즈를 직접 방문하기 이전까지는 툴루즈가 그렇게 활기차고 젊음이 가득 찬 도시인지는 알지 못했다. 툴루즈는 사실 1229년 이미 대학이 설립되어 있었고, 같은 시기에 파리대학에서 교수와 학생들이 총파업이 일어나자 이들을 영입해서 도시 전체의 문화적, 학문적 상승의 계기를 마련하기도 했던 유서 깊은 도시다. 더욱이 도미니코회의 최초 수도원 중 하나였던 생자코뱅 수도원이 설립됨으로써 그 발전은 가속화되었을 것이다. 그 역사가 계속 이어지지는 못했지만 현재는 비옥한 학문적 토양 위에서 항공과 우주 분야의 최첨단 연구들이 이루어지고 있고, 10만 명이 넘는 대학생들이 몰려서 프랑스에서 가장 활기찬 도시 중 하나가 되었다.

## 생자코뱅 성당

툴루즈에 도착하자마자 토마스의 유해가 모셔져 있는 생자코뱅 수도원Couvent des Jacobins을 찾았지만, 문은 굳게 닫혀 있었다. 지금은 더 이상 수도원 성당이 아니라 수도원 역사를 전시하는 국가 주도의 박물관 성격이 강하기 때문이다. 기도를 위해 항시 열려 있는 성당과는 달리 특정한 방문 시간이 게시되어 있었다. 시간을 확인하고 다음 날 아침 바로 성당을 다시 찾았다.

**툴루즈 생 쟈코뱅 성당 외부 모습**

벽돌을 이용한 남부 고딕 양식의 대표적인 성당이다.

생자코뱅 성당은 본래 성모 마리아에게 봉헌된 교회였지만 현재 성 토마스 아퀴나스의 유해를 모시고 있기 때문에 주보성인이 성 토마스 아퀴나스로 변경되었다. 일반적인 고딕 성당과는 다르게 아주 소박한 형식인 남프랑스 고딕 양식을 띠고 있었다. 이곳 툴루즈에서는 지형적으로 프랑스 북쪽처럼 많은 석재를 구할 수 없어서 이곳에서 귀하기 쉬운 벽돌을 활용했다. 벽돌은 자유자재로 형태를 만들 수 있는 석재와 달리 정교한 작업이 어렵지만, 이 성당은 나름대로 고딕 양식의 특징을 최대한 살리려고 노력했다. 이러한 소박한 양식은 단순히 재료 수급의 어려움 때문만이 아니라 사목적인 입장에서도 의미를 지닌다. 교회가 건설된 당시 교회의 사치에 반대하던 알비파 또는 카타리파라고 불리는 평신도 영성운동이 남프랑스에 널리 퍼졌고, 이들의 마음을 얻기 위해서 화려한 고딕 양식의 장식들을 배제하고 의도적으로 소박하게 건축한 것이다. 그렇기에 성당 바깥에서 볼 때는 전성기 고딕 양식에서 보이는 화려한 조각상들도 전혀 눈에 띄지 않고, 매우 단순한 로마네스크 양식에 가까운 특징을 지니고 있었다. 부벽들도 고딕 양식의 특징인 화려한 공중 부벽이 아니라 벽면을 바깥에서 기둥처럼 떠받치는 일반적인 부벽이 사용되었다.

그렇지만 성당 안으로 들어서자, 붉은색과 푸른색이 가득한 현대식으로 새롭게 장식한 추상적인 문양의 스테인드글라스에서 나오는 신비로운 빛이 방문객을 맞이하고 있었다. 성당 내부의 가장 특징적인 모습은 하나의 기둥으로부터 최대 22개의 우산살 모양이 뻗어나가는 모습을 지닌 야자수 기둥이었다. 여기서 사용된

**생 쟈코뱅 성당 내부의 신비스러운 분위기**
생 쟈코뱅 성당에 들어갔을 때 마침 창문을 통해서 들어오는 햇빛에 의해서 성당 안은 신비
로운 분위기를 자아내고 있었다.

### 생 쟈코뱅 성당의 야자수 기둥

생 쟈코뱅 성당의 건축 양식에서 가장 시선을 끄는 것은 최대 22개의 우산살 모양으로 뻗어 나
가는 야자수 기둥이다. 이 양식으로부터 후기 고딕 양식의 화려한 플랑브아양 양식이 발전했다.

양식은 나중에 다른 곳으로 퍼져나가 후기 고딕 양식을 대표하는 불꽃 모양의 플랑브아양flamboyant 양식으로 발전했다고 한다.

처음에 낮은 높이를 지녔던 성당은 성 토마스를 모신 후에 방문하는 신자들의 숫자가 늘어나자 이층으로 높이를 확장하면서, 기둥 사이에 벽감 형태로 경당들을 새로 추가하는 대대적인 확장을 이루게 된다. 통상적으로 동쪽에 성직자들을 위한 성가대석을 마련하고, 벽이나 쇠창살 등으로 분리해서 서쪽의 공간을 일반 신자들을 위해 마련하는 것이 관례이다. 그러나 이 성당은 그런 관습과는 달리 중앙의 기둥을 중심으로 성당을 크게 수도사들과 일반 회중을 위한 공간으로 양분해 놓았다. 이러한 구조는 보다 많은 사람이 강론을 들을 수 있도록 배려하려는 도미니코회의 독특한 성당 활용 방식이다. 그래서 중앙 제대도 성당의 동쪽 끝이 아니라, 북쪽 측면의 중앙에 위치하고 있었다.

## 성 토마스의 유해를 모신 중앙 제대

현대식으로 장식된 중앙 제대 밑에 검은 창살 안으로 밝게 빛나는 성유물함이 눈에 들어 왔다. 직감적으로 성 토마스의 유해일 것이라고 생각하고 다가가니 제대 왼쪽에 토마스에 대한 간략한 설명과 이곳에 유해를 모시게 된 과정에 대해서 설명이 나와 있었다. 그렇지만 1369년 토마스의 유해가 처음으로 이곳으로 모셔져 왔을 때의 모습은 확인하기 어려웠고, 지금의 형태를 지니게 된 것은 그리 오래되지 않은 불과 50년 전의 일이다. 1974년 서거 700주년 기념으로 성 토마스의 유해가 이곳으로 다시 모셔지면서 지금 형태의 제대가 만들어졌다. 이를 이해하기 위해서는 이 성당의 부침에 대한 역사를 아는 것이 도움이 될 것이다.

생자코뱅 수도원이 지녔던 도미니코회 본원으로서의 위상은 프랑스 혁명 이후에 급격히 몰락하게 된다. 혁명의 물결이 툴루즈를 덮칠 무렵, 토마스 성인의 유해가 훼손되는 것을 막기 위해 도미니코회원들은 급하게 그 유해를 멀지 않은 생세르냉 대성당으로 옮겼다. 그래서 다행히 유해는 보존되었지만, 성당과 수도원은 혁명군에 의해서 점령되었고 나폴레옹 황제의 명으로 군대 막사로 사용되었다. 프랑스군은 성당이 워낙 높았기 때문에 2층으로 분할하여, 아래층은 창고로 위층은 군대 막사로 사용했다. 그 과정에서 이미 스테인드글라스나 다양한 종교 예술품들도 모두 파괴되었다. 프랑스 군이 철수한 이후에도 이 성당은 예술품 창고로 계속해서 사용되는 기구한 운명을 겪었다. 그 이후에도 이 성당은 더 이상 본래 주인이었던 도미니코회가 아니라 국가에서 관리하고 있기 때문에, 전시를 위해서 도미니코회의 전통을 체험하도록 꾸며져 있지만 실제로 수도회에서 사용하는 생활공간은 더 이상 아니었다.

그래서 처음 성당에 들어왔을 때 우리를 사로잡았던 현대식 스테인드글라스나 성 토마스의 유해를 모신 중앙 제대 등은 모두 20세기의 복구과정에서 설치된 것들이다. 또한 복구 과정에서 프랑스군이 하얀 회칠을 해놓았던 벽 아래에서 원래 남아 있던 벽화들이 발견되어 부분적으로 회생시킬 수 있었다. 이런 현상을 보면서 이전에 이스탄불의 성 소피아 성당 안에서 무슬림 사원으로 변형되었을 때, 회칠 밑에 숨겨졌던 모자이크들이 다시 복구되면서 모든 이를 감탄케 하는 예술품으로 다시 등장했던 것을 보았던 때의 감격적인 순간이 떠올랐다. 그러나 모자이크와 달리 벽화는 석회를 칠하고 벗겨내는 과정에서 많이 손상되어서 희미하게 그 주제들을 느낄 수 있을 정도였다. 그나마 복구된 스테인드글라스와 벽화들 덕분에 처음 건설되었을 때의 경건한 종교적 분위기를 느낄 수 있었던 것은 아주 다행이었다.

도미니코 수도회의 시작을 알려 주는 도미니코 성인의 경당을 보고 있을 때, 바로 그 성당 안에 들어온 소년 성가대의 아름다운 노래가 울려 퍼지기 시작했다. 마치 우리의 방문을 환영이라도 하려는 듯 수도원 성당의 분위기는 스테인드글라스의 찬연함과 더불어 더욱 신비롭게 변화되었다. 성가대의 찬송이 끝나자 우리를 포함해서 성당 안에 있던 모든 사람은 큰 박수로 그들의 합창에 감사를 전했다.


수도원 방문


성당을 방문한 후에 이어서 이제는 박물관으로 변한 옛 수도원 건물 안으로 들어갔다. 도미니코회원들이 살고 있지 않지만, 국가가 주요 유적으로 관리해서인지 예술품에 대한 설명들이 곳곳에

**생 쟈코뱅 성당에 모셔진 성 토마스 아퀴나스의 유해**

독특하게도 동쪽 끝이 아니라 성당 중앙에 놓여 있는 중심 제대 밑에 있는 성 토마스 아퀴나스의 유해 때문에 순례자의 대부분이 생 쟈코뱅 성당을 찾는다. 지금의 형태로는 1974년 성 토미스의 유해가 인근 생 세르냉 성당으로부터 본래 유해가 있던 생 쟈코뱅 성당으로 이전해 오기 위해 준비하면서 변화되었다고 한다.

논쟁과 시성

설치된 전자 패널 등에 상세하게 나와 있어서 편하게 관람할 수 있었다.

이곳 수도원은 1215년 도미니코회 창설 후 15년 이내에 설립된 수도원으로 가장 오래된 도미니코회 수도원 중 하나이며 성당의 바깥처럼 전체적으로 벽돌을 많이 활용하여 건설되어 있었다. 물론 토마스 아퀴나스는 이곳 수도원에서 산 적이 없지만, 내부는 다른 수도원들에서 보았던 동일한 구조인 4각형의 회랑으로 이루어져 도미니코회 수도사들의 생활을 간접 체험할 수 있었다. 안타깝게도 도미니코회에서 매우 중요한 역할을 했던 필사실과 연구 공간들은 세월의 부침을 겪느라 모두 사라지고 수도원 핵심 공간만 방문할 수 있었다. 회랑 중앙에 있는 '대회의실'은 성당에서 보았던 야자수 기둥으로 장식되어 있었다. 이 공간에서는 도미니코회 수도사들의 주된 임무와 일상생활을 아주 상세하게 안내해 주고 있었기에 이 전시를 통해 토마스가 수사로서 평생 실천했던 규칙을 더욱 상세히 알 수 있었다. 또한 전통적인 베네딕토회 수도회의 '기도하고 일하라Ora et labora!'라는 지침을 바탕으로 노동의 부분을 도미니코회의 독특한 요소인 설교와 연구로 대체한 일상 수칙도 상세하게 프랑스어로 적혀 있었다. 예를 들어 전례의 중심에는 미사와 명상이 있었고, 그밖에 연구Ensegner하고 설교를 준비한 후, 설교와 자선을 베푸는 일들이 사진이 첨부된 병풍 형태로 전시되어 있었다.

대회의실 옆에 있는 안토니우스 경당은 설교의 사명을 수행하기 위해서 반드시 필요한 명상의 생활이 이루어졌을, 고요하게 침

**도미니코회의 생활상을 보여주는 특별 전시회**

다른 전통적인 수도원과 구분되는 도미니코회의 독특한 소명은 설교자들의 수도원이라는 이름에서 나오듯 설교를 통해 이단을 극복하는 것이었다. 좋은 설교를 위해서는 신학을 비롯한 학문에 대한 연구가 필수적이었기 때문에 도미니코회는 대 알베르투스와 토마스 아퀴나스 등 수많은 훌륭한 학자를 배출했다.

묵하는 수사들의 역사를 담고 있었다. 측면의 벽화는 빛이 바래서 그 내용을 알기 어려웠지만, 천장의 벽화는 아직도 그 색이 뚜렷해서 몇몇 특징적인 도상들을 확인할 수 있었다. 가장 중요한 주제는 바로 천사들의 활동이었는데, 토마스의 별칭이 바로 '천사적 박사Doctor Angelicus'였기 때문에 왠지 더욱 친근하게 다가왔다. 하나하나의 천사들이 각각 다른 악기들을 연주하고 있거나 자신이 맡은 사명을 수행하는 모습이 그려져 있었다. 그 옆에는 구약에 나오는 원로들이 그려 있었고, 프랑스 땅에 있어서인지 프랑스 왕실의 상징인 백합 모양을 한 유리창의 틀tracery도 눈길을 끌었다.

## 생세르냉 성당 방문

생자코뱅 성당을 방문한 이후, 툴루즈 중심부에 있는 생세르냉 성당을 방문했다. 생세르냉 대성당은 남프랑스에 있는 가장 큰 로마네스크 성당 중 하나로, 산티아고 콤포스텔라로 가는 순례길에서 중요한 역할을 하던 성당이다. 프랑스 혁명의 여파가 툴루즈를 덮쳐 올 때 성 토마스의 유해 훼손을 우려하여 이곳으로 옮겨 200년가량을 보존했기 때문에 토마스 순례자에게도 의미 있는 장소이다.

멀리서도 볼 수 있는 이 성당의 특징인 종탑을 살펴보면 3층까지는 전형적인 로마네스크 양식으로 지어졌지만, 그 위에는 첨두 아치 모양의 창문과 성채를 연상시키는 돌출부(흉벽)와 뾰족한 틈

**툴루즈의 생 세르냉 대성당**

생 세르냉 대성당은 남프랑스에 있는 가장 큰 로마네스크 성당 중의 하나로 산티아고 콤포스 텔라로 가는 순례길에 들렀던 중요한 성당이다. 프랑스 혁명 이후 생 쟈코뱅 성당이 군인들에 의해 점령되자 성 토마스 아퀴나스의 유해가 손상될 것을 우려해서 이곳으로 옮겨졌다. 1274년에서야 다시 생 쟈코뱅 성당으로 이전되었다.

**생 세르냉 성당 내부에 표시되어 있는 성 토마스 아퀴나스의 유해 보존 장소**
성 토마스 아퀴나스의 유해가 보존되어 있던 위치를 가리키는 문양이 생 세르냉 성당의 한
경당 바닥에 모자이크로 표시되어 있다.

(기개)들로 장식되고, 그 가장 위에는 주교의 관(미트라) 모양을 한 지붕이 올려져 있는 전형적인 남부 고딕 양식을 지니고 있다.

들어가는 남쪽 입구는 다양한 상징성을 띤 조각으로 장식되어서 이 성당이 이미 로마네스크 양식이 유행하던 시절에 건축되었음을 잘 보여 준다. 팀파눔에는 그 사실적인 묘사보다는 상징에 더 큰 의미를 두는 심판자 예수의 모습이 새겨 있다.

안으로 들어서니 로마네스크의 전형적인 특징인 원형 궁륭을 떠받치고 있는 육중한 돌기둥이 늘어서 있음에도 이후 보수를 통해 채광에 신경을 썼기 때문인지 비교적 밝은 분위기를 느낄 수 있었다. 이 성당의 방문 목적은 지금은 물론 없지만 성 토마스의 유해가 모셔져 있던 곳을 찾기 위함이었다. 화려하게 장식된 성가대석 안의 여러 경당들은 다양한 성유물을 보관하고 매우 잘 정비되어 있었다. 그렇지만 경당 하나하나를 살펴보아도 성 토마스의 흔적을 발견할 수는 없었다. 그래서 아마도 이미 50년 전에 이장移葬이 이루어졌기 때문에 이제는 아무 흔적도 발견할 수 없나보다 하고 포기하려는 찰나, 내 아내인 로사가 성당의 중심축에 있는 '성령의 경당'의 기하학적인 무늬가 반복되는 타일 바닥을 가리켰다. 경당의 중앙에는 행렬 시에 사용했을 것으로 추정되는 가마가 전시되어 있고, 입구 아래쪽을 보니 실제로 성 토마스를 상징하는 'S'자 위에 'T'자가 겹쳐 있는 문양이 새겨 있었다. 보물찾기에서 큰 상을 찾아낸 어린아이처럼 기뻐하다가, 깊이 고개 숙여 인사드린 후 감사하는 마음으로 그 경당 앞을 떠났다. 성가대석 밑쪽에 있는 지하 경당에는 위에 전시되지 못한 무수한 성유물(흉상형, 주택형)과 전례 도구들이 다양한 형태의 벽감에 잘 보존되어 있었다. 이 성당이 얼마나 오랫동안 종교적으로 중요한 역할을 해왔는가를 잘 보여 주는 공간이었다.

지하 경당에서 나오니 마침 성체를 현시하고 신자들이 함께 기도하는 성체 현시를 외국인 신부님이 집전하기 시작했다. 잠시 성체 조배에 참여하며 이번 여행에서 받게 된 은총의 시간에 감사드리고, 앞으로 토마스 아퀴나스의 사상을 연구하는 여정도 함께해 주시기를 기도드렸다.

# 토마스는 왜 툴루즈에 묻혔을까?

    이번 연구년 동안 이어진 순례 여행은 일차적으로 〈클래식 클라우드〉를 집필하기 위한 목적이었지만, 그 목적을 달성하는 것은 물론 그 이상의 엄청난 선물을 받은 시간이었다. 여러 장소를 방문하면서 이미 토마스 아퀴나스의 생애에 대해서는 어느 정도 알고 있다고 생각했던 나의 오만을 깨우치는 '무지無知의 지知'를 직접 체험할 수 있었다. 나름대로 열심히 조사하고 준비했지만, 나 혼자만의 힘으로는 발견할 수 없는 새로운 지식과 이를 도와줄 인물들을 정말 많이 만날 수 있었다. 도미니코회 관계자들, 쾰른 대학 토마스연구소장 안드레아스 스페어 교수, 로마 산타 사비나 수도원 수사들, 안젤리쿰의 관계자들, 몬테산지오반니의 이름 모를 외국인 노동자 등등. 여행 전체를 함께 기획하고 모든 사진을 찍어 준 내 처 로사와 함께 여러 차례 이번 여행들이야말로 '은총

체험'이라고 말했을 정도다. 그 벅찬 감격을 건조한 논문 쓰는 데
만 익숙한 나의 부족한 글솜씨로 다 담아내지 못한 것이 아쉬울
뿐이다.

그런데 여행을 모두 마치고도 완전히 해결되지 않은 의문이 남
아 있었다. 왜 토마스는 자신이 단 한 번도 방문한 적이 없는 낯선
툴루즈에 묻혀 있게 되었을까? 툴루즈는 우리가 방문을 포기하고
싶을 정도로 쾰른은 물론 유럽 중심부로부터 떨어져 있고, 토마스
는 단 한 번도 이곳을 방문한 적이 없었기 때문이다. 토마스 자신
에게 선택하라고 했다면 4년 동안의 공부를 위해서 머물던 쾰른
은 아니더라도 10년 이상 머물면서 공부하고 가르쳤던 파리의 생
쟈크 수도원이나, 로마의 산타 사비나 수도원, 마지막으로 자기
스스로 일반 학원을 세우려고 선택한 나폴리의 산 도메니코 대성
당 등의 강력한 후보지들이 있기 때문이다. 혹은 잠시만 들렀더라
도 도미니코 성인의 무덤이 있는 볼로냐의 도미니코 수도원도 후
보에 오를 수 있을 듯했다. 아무리 도미니코회 본원이 당시에 툴
루즈에 있었다고 하더라도 그 이유만으로 포사노바에서 가까운
로마의 산타 사비나를 지나쳐서 툴루즈까지 유해를 모셔올 이유
는 없어 보였다.

역사적으로 검토해 보니, 성 토마스의 유해를 포사노바의 시토
회로부터 도미니코회로 반납하라는 명령이 내려진 1369년에는
교황청이 로마가 아니라 아비뇽에 위치했던 시기였다. 여러 측면
에서 혼란스럽고 진정한 교회다운 모습을 지니지 못했던 시기에

교황은 가장 중요한 멘토 중 한 분의 무덤을 자기 가까이 두고 싶었던 것은 아닐까? 그 자신이 그렇게 생각하지 않았더라도 자꾸 세속적인 권력으로 기울고, 그것을 탐하다 오히려 프랑스 국왕의 볼모가 되어 버린 가톨릭 교회를 위해서는 뚜렷하게 신앙의 길을 가르치고 있는 성 토마스의 유해가 툴루즈에 있는 것은 큰 지지가 되었을 것 같다.

그런 생각을 하고 있을 무렵 이 순례를 처음부터 동반했던 내 처가 참신한 해석의 단초를 제공해 주었다. 성 토마스의 가르침은 더 이상 도미니코회의 전유물이 아닌 것 같다고 말했다. 오히려 더 큰 새로운 시작을 알려 주는 상징적인 장소가 툴루즈가 아닐까 하는 생각도 든다고 했다. 그 말을 듣고 나니 환한 빛이 비추어진 느낌이었다. 사실 토마스 자신이 살아 있을 때에 '자신의 가르침이 자신의 삶보다 더 오래 지속될 수 있게 해달라'고 기도한 적이 있었다. 실제로 토마스 아퀴나스의 가르침은 직접 그의 강의를 들었던 소수의 학생에게만 전해질 것이 아니었다. 이미 『신학대전』만으로도 장소와 시간을 넘어서 계속해서 연구되어도 다 밝히기 힘든 엄청난 그리스도교의 지혜를 담고 있기 때문이다.

자신에게 친숙했던 장소들을 떠나서 토마스가 툴루즈에 묻힘으로써 그의 가르침은 보다 많은 사람에게 열려 있는 보편적인 것이라는 상징을 지닐 수도 있게 되었다. 실제로 나의 경험을 보더라도 툴루즈 방문을 기회로 삼아 근처에 있는 알비와 아비뇽 교황궁을 방문하면서 그리스도교의 어두운 역사의 한 부분을 더욱 생생하게 체험하고 반성할 수 있는 계기를 얻었다.

14세기의 수사들은 토마스의 유해를 서로 차지하려고 논쟁을 벌였지만, 더욱 중요한 것은 '그의 유해가 어디에 있는가'가 아니라 '그 가르침이 어디에서 열매를 맺는가' 하는 것이 아닐까? 만일 그렇다면 토마스의 여정은 툴루즈에서 멈춘 것이 아니라 그의 가르침이 연구되는 곳이라면 어디든지 더 뻗어나갈 것이라는 생각이 들었다. 토마스 아퀴나스 연구가 다시 활성화되었던 20세기 초반과 비교할 때 도미니코회가 주도했던 서구의 토마스 연구는 여러 가지 이유로 침체기에 접어들고 말았다.

한 가지 고무적인 사실은 토마스 연구의 중심지였던 서구와는 대조적으로 거의 불모지로 남아 있던 한국의 중세철학계가 지난 30년 동안 지속적으로 뛰어난 연구자들의 등장으로 비약적인 발전을 이루었다는 점이다. 더욱이 〈한국성토마스연구소〉가 창립되면서, 천주교 조선교구 설정 200주년을 기념하는 『신학대전』 발간 사업이 활발히 진행되고 있다. 모두 완성된다면, 총 72권에 달할 『신학대전』이 현재 절반을 넘어 계속 번역되고 있다. 이번 순례 기간 동안 외국의 전문가들에게 내가 번역한 『신학대전 제31권: 신앙』을 보여주었을 때, 라-한 대역과 해설이 풍부한 번역이 한국에서 지속적으로 출간되고 있다는 사실에 놀라면서 상당한 기대감을 표현한 바 있다. 이런 번역 작업만으로도 놀랍건만 〈한국성토마스연구소〉는 그 선결 작업으로 『성 토마스 개념사전』과 『라-한사전』, 포프의 『아퀴나스의 윤리학』이라는 대작도 번역 출간한 바 있다.

토마스가 아리스토텔레스의 재발견을 통해서 새로운 신학의 지평을 연 것처럼, 우리도 동양의 유구한 전통과 그리스도교 사상 사이의 대화를 지속해 나가는 작업이 필요하다. 다산 정약용 등 초기 천주교 실학자들이 서학을 연구했던 모범을 따라 토마스 아퀴나스의 사상 안에 담긴 보화를 우리나라에 소개하고 연구하는 작업에도 관심을 기울여야 할 것이다. 그런 의미에서 이미 토마스 연구의 최고점을 지나 뚜렷하게 쇠퇴의 조짐을 보이는 유럽이 아니라 새로운 연구가 활성화되고 있는 동아시아, 특히 한국에서 토마스의 가르침을 연구하고 가르치는 것은 중요한 사명이 될 수 있다.

이번 토마스 아퀴나스의 여행은 이제 알려지기 시작하고『신학대전』번역이 진행되면서 관심이 높아지고 있는 토마스의 가르침을 더욱 깊이 연구하고 일반인들과 그 안에 숨겨진 보화를 함께 나누어 갖는 일의 소중함을 다시 한 번 다짐할 수 있는 소중한 계기가 되었다. 프란치스코 교황은 2023년 몽골 방문에서 등장한 "21세기는 아시아 교회의 시대"라고 표현했다. 토마스 아퀴나스 탄생 800주년을 맞아 발간되는 이 작은 책자가 우리나라에서도 토마스 아퀴나스에 대한 관심이 늘어나는 데 작은 기여를 할 수 있으면 좋겠다. 더 나아가 우리나라가 새롭게 활성화되는 토마스 아퀴나스 연구와 동서양 사상의 대화가 시작되는 못자리가 될 수 있기를 기대해 본다.

토마스 아퀴나스의 키워드

# 01 신앙과 이성

토마스 아퀴나스는 종종 '스콜라 철학의 완성자'라고 칭송받는데, 실제로 그는 다른 스콜라 학자들과 공동의 목표를 지니고 있었다. 그것은 바로 '신앙과 이성의 조화'였다. 신앙과 이성이 모두 유일한 창조주인 신에 의해 부여되었기 때문에 이것이 모순을 일으킬 수 없다는 확신을 공유했던 것이다. 토마스는 "은총은 자연을 파괴하지 않고 완성한다."라는 확신에 차서 신학과 철학의 고유한 영역과 역할을 인정했다. 토마스를 통해 세속 학문의 대명사인 철학은 신학과는 구별되어 순수 이성만으로 세계와 그 원인들에 대해 탐구하는 역할을 맡게 되었다. 토마스는 이성과 신앙을 분리시켜 버린 종교 개혁이나 근대 이후의 사상과는 달리 이를 조화시키기 위해 최선을 다했다.

# 02 아리스토텔레스

성경을 제외한다면 토마스 아퀴나스의 저술 안에서 가장 많이 인용된 학자는 아리스토텔레스다. 아리스토텔레스는 그 사상의 방대함에 비하면 매우 오랫동안 서구에서는 평가 절하되어 있었다. 아랍 문화에 의해서 보존된 아리스토텔레스가 다시 서구에 소개되었을 때도 그리스도교 교리와 충돌하는 요소들 때문에 강의 금지령이 내려지기도 했다. 그러나 토마스는 스승 알베르투스로부터 개방적인 정신을 이어받아서 아리스토텔레스를 자신의 저술에서 적극적으로 활용했다. 그의 노력을 통해 그리스도교 신학의 이성적 설득력은

아리스토텔레스(기원전 384~322)

유례 없이 상승하게 되었다.

## 03 중세 대학

토마스 아퀴나스 이전에도 신학자들은 많았지만, 그처럼 그리스도 신학의 방대한 내용을 집대성할 수 있었던 학자는 없었다. 그러나 이러한 성과는 단순히 그의 개인적인 역량에만 달린 것은 아니었다. 13세기에 들어설 무렵, 기존의 중세 학교들이 통합되며 '교수들과 학생들의 연합체' 즉 대학이 탄생한 것이다. 법학, 의학, 신학 등의 상위학부의 독립이 이루어졌고, 인문학부 내에서도 개별 학문들의 분업화와 전문화가 활성화되었다. 단순한 강의뿐만 아니라 정규 토론 등의 방식이 발달하면서 각 주제에 대한 집단 지성이 작동될 수 있었다. 중세 대학이 이룬 성과들을 토대로 토마스는 『신학대전』에서 천재적인 종합을 이룰 수 있었다.

## 04 도미니코회

토마스 아퀴나스의 생애와 사상을 결정한 또 다른 요소는 바로 탁발 수도회의 수사가 된 일이었다. 그가 오래 교육받은 몬테카시노 수도원이 속한 베네딕도회에 들어갔다면 아마도 그는 가족들의 바람대로 아바스(총원장)가 되어 권력을 가졌을지도 모를 일이다. 그는 의식적으로 가난과 설교를 중시하는 도미니코회에 들어갔고, 그곳에서 열린 사상가인 스승 대 알베르투스를 만남으로써 학문 연구의 방향도 결정되었다. 초기의 이런 열린 사상가들이 활약했음에도 시간이 흐를수록 '이단심판'을 주도하면서 도미니코회가 보수화되었던 점은 아쉬움으로 남는다.

## 05 『신학대전』

『신학대전』은 "아리스토텔레스가 죽던 기원전 384년부터 데카르트의 『방법서설』이 출판되는 1637년 사이에 씌어진 인류의 가장 중요한 지성적 금자탑"으로서 일찍이 역사에서 저술된 가장 웅대하고, 가장 합리적이며, 가장 위대한 신학 서적으로 평가받고 있다. 많은

도미니코회의 가장 많은 존경을 받는 성인들: 창설자 도미니코, 세례자 요한, 순교자 (베로나의) 베드로, 토마스 아퀴나스

이는 이 작품을 개성 있는 조각과 스테인드글라스가 정교하게 조화를 이룬 고딕 건축물과 비교하곤 한다. 실제로 『신학대전』은 그리스도교의 가르침을 세속 학문을 기초로 체계적으로 해설한 불후의 걸작이다. 방대한 분량과 난해한 철학 개념들의 풍부한 사용 때문에 읽기가 쉽지 않지만, 기본적인 교육을 거쳐 이 책의 일부만이라도 읽어 본 사람들은 아퀴나스 사상의 깊이에 압도당하고 말 것이다.

## 06  신의 존재

무신론적인 분위기가 주도하고 있는 현대 사회와는 달리 중세 시대에는 공식적으로 신의
존재를 부정하려는 태도는 나타나지 않았다. 그럼에도 시대를 앞서간 캔터베리의 안셀무
스나 토마스 아퀴나스는 '신의 존재'를 이성적으로 증명하려고 시도했다. 토마스는 안셀
무스의 '존재론적 신존재 증명'을 인정하지 않고, 경험론적인 사실로부터 출발해서 신의
존재를 증명하려 시도했다. '다섯 가지 길quinque viae'이라고 불리는 그의 증명은 아리스
토텔레스 철학 등 당대의 최첨단 과학 내용을 토대로 신의 존재를 입증하려 노력했다. 이
러한 신존재 증명들이 아무런 전제 없이 받아들일 수 있는 필연적인 증명은 되지 못할지
라도, 자신이 믿고 있는 내용을 이성적으로 이해하려는 태도는 현대 사회에도 필요한 덕
목일 것이다.

## 07  존재와 본질

토마스는 질료와 형상, 실체와 우유, 가
능태와 현실태 등의 개념을 사용하여 세
계의 변화를 설명한 아리스토텔레스의
형이상학을 수용했다. 그러나 신과 피조
물 사이의 관계를 설명하기 위해서 아랍
철학자들로부터 받아들인 존재와 본질이
라는 구분을 발전시켰다. 피조물은 자신
의 본질로부터 실제로 구분되는 존재를
신에게서 받아들인 반면, 신은 자신의 본
질과 존재가 완전히 일치하는 '그 자체로
자립하는 존재 자체'인 것이다. 이 구분은
피조물의 유한성과 신의 무한성을 설명
하기 위한 중요한 도구로 사용되었다. 토
마스는 '존재를 망각'하기는커녕 독자적
인 '존재의 형이상학'을 발전시켜 나갔던
것이다.

토마스의 초기 작품 『존재자와 본질』

## 08 행복

『신학대전』 제2부를 시작하며 토마스는 철학의 역사 안에서 지속적으로 논의되어 왔던 주제인 '행복'에 대해서 상세히 논의한다. 전체적인 틀에서는 다른 목적을 이루기 위한 수단 역할을 하는 '중간 목적'이 아니라 그 자체로 자족적自足的인 '최종 목적'이야말로 행복이라 불릴 가치가 있다는 아리스토텔레스의 입장을 수용한다. 부, 육체적 쾌락, 권력, 명예 등을 비판하는 점에서도 아리스토텔레스와 일치하지만, 그는 인간 자신의 지성적 욕구의 실현에서 궁극적인 행복을 찾는 것이 아니라, 신을 있는 그대로 파악하는 상태visio beatifica, 至福直觀에서만 인간의 참된 행복은 도달할 수 있다고 주장한다.


## 09 윤리

『신학대전』의 가장 많은 분량을 차지하는 논의는 '윤리'로서 두 편으로 구성된 제2부 전체를 차지하고 있다. 그 안에서 토마스는 이전에 논의되었던 모든 윤리적인 학설과 그리스도교에 의해 새롭게 제기된 윤리적 요소들을 집대성했다. 주관적인 기준인 '의도'와 객관적인 기준인 '자연법', 이를 조화시키는 역할을 맡은 '양심'의 역할 등을 균형 있게 강조한다. 윤리의 기초에 대한 논의에 그치는 것이 아니라 구체적인 실천과 관련된 '덕'(지혜, 용기, 절제, 정의의 4추덕과 중용, 믿음과 소망과 사랑이라는 신학적인 덕 등)과 이에 상충하는 '악덕'들에 대한 상세한 논의는 유례를 찾기 힘든 방대함과 섬세함을 지니고 있다.


## 10 구원

'신 존재 증명'과 '존재의 형이상학' 등 철학적으로도 주목할 만한 발전을 이루어 낸 토마스 아퀴나스지만, 그의 이런 탐구에는 인간의 구원이라는 궁극적인 목적이 배경을 이루고 있다. 그의 신학적 입장에 따르면 인간은 자기 자신만의 힘으로는 구원에 도달할 수 없기 때문에 반드시 신의 은총이 필요하다. 그렇지만 은총은 인간의 노력을 대체하거나 무의미한 것으로 만들지 않고 오히려 완성에 이르도록 도와주기 때문에, 인간은 궁극적인 행복을 발견할 수 있는 신에게로 나아가기 위해서 최선의 노력을 다해야 한다. 이 과정에 이르는 전체적인 조감도와 각각의 인간 행위의 지침을 구체적으로 알려 준 것이 바로『신학대전』이다.

프란시스코 데 수르바란Francisco de Zurbaran의 성 토마스 아퀴나스의 업적

토마스 아퀴나스 생애의 결정적 장면

**1224 /25** 이탈리아 나폴리 근처 로카세카에서 아버지 아퀴노의 란돌푸스와 어머니 테오도라의 7째, 아들 중 막내로 탄생하다.

# 1230~1239  몬테카시노 수도원에서 봉헌자로 생활하다

토마스는 그의 부모에 의해 이미 5살 경에 가까이에 있던 몬테카시노 수도원에 '봉헌된 자'로 보내졌다. 그의 부모는 토마스가 그곳에서 수사, 그리고 나중에는 수도원장이 되기를 바랐다. 토마스는 이 수도원 학교에서 주로 신심에 관련된 것과 함께 라틴어와 대중언어의 문법을 포함한 '7 자유학예'를 배웠다. 어렸을 때부터 몸집이 상당히 컸던 토마스는 동료들과 놀기보다 자주 독서와 사색에 깊이 빠져 있곤 했다.

**1239** 황제 프리드리히 2세가 몬테카시노 수도원을 점령하고 외국인 교사를 추방하여 더 이상 정상적인 수업이 어려워지자 토마스는 봄에 집으로 돌아와 11월까지 로카세카 성에서 머물렀다.

# 1239~1244  나폴리 대학에서 아리스토텔레스와 도미니코회를 만나다

토마스는 이미 15세쯤에 인근 나폴리 대학에 입학했다. 이 대학에서는 당시 유럽의 많은 대학에서 금지되어 있던 아리스토텔레스가 이미 정식 교과목으로 채택되어 있었다. 토마스는 자신의 학문에 결정적인 영향을 미치게 될 이 철학자를 다른 학생들보다 먼저 접할 기회를 가졌다. 또한 나폴리에는 새로운 탁발 수도회인 도미니코회가 활동하고 있었다. 토마스는 그들의 청빈한 생활, 성서에 대한 해박한 지식, 복음을 선포하기 위한 열정 등에 깊은 감명을 받고 그 수도회에 입회하기를 원했다.

# 1244 도미니코회에 입회하다

토마스가 도미니코회에 입회한 정확한 시기는 알 수 없지만 4월쯤에 정식으로 입회하고 수도복을 입었다. 마침 도미니코회의 2대 총장 빌데스우젠의 요한이 나폴리 공동체를 방문했다가 토마스가 지니고 있는 뛰어난 재능과 가능성을 발견하고, 당시 신학의 중심지인 파리 대학으로 가서 공부를 계속할 것을 명령했다. 이에 따라 토마스는 파리로 가기 위해 길을 떠났다.

도미니코회에 입회하는 토마스 아퀴나스

# 1244~1245 가족들에 의해서 로카세카 성에 감금되다

토마스의 가족은 파리로 향하던 토마스를 납치하여 자기 가문에 속하는 몬테산지오반니 성에 가두었다. 형들의 모든 설득과 아름다운 여인을 통해 정결을 깨뜨리려는 시도조차 실패로 돌아가자, 결국 가족은 토마스를 로카세카 성에 약 1년간이나 감금한 채, 그의 마음을 돌리려고 온갖 노력을 다했다. 이 기간 동안 토마스는 많은 시간을 연구와 기도와 가족들과의 대화에 쏟음으로써 마침내 가족들의 동의를 얻어, 1245년 가을 도미니코회원으로서 파리로 떠날 수 있었다.

1245   감금 기간 동안 아리스토텔레스의 오류추리론에 대한 다소 풍부한 안내서인 『오류론』과 『양태명제론』등을 저술한 것으로 추정된다.

# 1245~1248 파리에서 수련기를 거치며 스승 대 알베르투스를 만나다

1217년 툴루즈 바깥에 세워진 첫 공동체 생쟈크수도원에서 토마스는 낯선 이 방인들에 둘러 쌓여서 4년 동안의 첫 파리 체류기간을 보냈다. 그 당시 평범한 신학도였던 그의 생활을 알려 줄 수 있는 어떤 기록도 남아 있지 않다. 그렇지만 바로 이곳에서 그에게 엄청난 영향을 미친 스승 대 알베르투스를 만났다.

토마스 아퀴나스의 스승 대 알베르투스

# 1248~1252 쾰른에서 대 알베르투스의 학생과 조교로 활동하다

1248년 대 알베르투스가 도미니코회 '일반 학원'을 세우기 위해 쾰른으로 옮겨갈 때, 토마스가 그와 함께 쾰른으로 갔다. 특히 토마스는 조교로서 활동하며 이 스승에게서 아리스토텔레스를 비롯한 새로운 사상가들에 대한 놀라울 정도의 개방적인 정신을 물려 받았다.

1250    토마스는 이른 나이에 서품을 받을 수 있을 만큼 학문과 생활과 처신에 큰 진전을 보여 주었기 때문에 쾰른에서 사제로 서품되었다.

1252    『이사야서 문자적 주해Expositio super Isaiam ad litteram』를 저술하다.

# 1252~1256 파리에서 『명제집』 강사로서 위대한 도약을 준비하다

파리 대학에서 교수가 되기 위해 필수 과정이었던 페트루스 롬바르두스의 『명제집』을 강의했다. 이 시기에 파리 대학의 재속 사제 교수들이 탁발 수도회를 공격함으로써 '탁발 수도회 논쟁'이 벌어졌다. 이 반대자들은 어떠한 수도회도 한 번에 하나의 교수 자리 이상을 차지해서는 안 된다고 주장할 뿐만 아니라 수도회의 지위까지도 공격했다. 도미니코회와 프란치스코회는 힘을 합쳐서 이들의 공격에 저항했다.

| | |
|---|---|
| 1252 ~54 | 『명제집 주해Scriptum super libros sententiarum』를 제IV권까지 직접 교정해서 출간하다 |
| 1252 ~56 | 『존재자와 본질De ente et essentia』을 저술하다. 토마스 사상의 입문서로 가장 많이 주해된 작품이다. |
| 1252 ~56 | 『자연의 원리들De principiis naturae』을 저술하다. |
| 1256 | 『전례와 수도회를 경멸하는 자들 논박Contra impugnantes Dei cultum et religionem』이란 논박서를 쓰다. |
| 1256 | 4월 엘리아 브뤼네를 지도교수로 박사학위를 취득하다. 토마스의 나이는 겨우 31세로 적어도 35세가 되어야 한다는 규정에서 면제받았다. |

# 1256~1259 파리 대학의 교수로서 활동하다

1256년 초여름, 토마스는 공식적으로 가르칠 수 있는 자격을 얻어 신학부의 교수가 되었다. 그럼에도 재속 사제 교수들은 탁발수도회원에게 대학에서 당연한 교육활동을 시작할 수 있는 허가를 내주지 않고 있었다. 교황 알렉산데르 4세가 명시적인 권위를 근거로 해서 칙서 「생명의 나무」를 통해 개입한 이후에야 프란치스코회의 보나벤투라와 함께 허가를 받게 되었다. 그러나 재속 사제 교수들의 방해는 계속되었다.

| 1257 | 가을에서야 토마스와 보나벤투라가 파리 대학 교수단에 받아들여졌고 토마스는 '외국인 강좌'를 맡았다. |
|---|---|
| 1258<br>~59 | 『대對이교도대전Summa contra gentiles』의 편찬을 시작하다. |
| 1256<br>~59 | 『보에티우스의 '데 헵도마디부스' 주해Super Boethium de hebdomadibus』를 저술하다. |
| 1258<br>~60 | 『보에티우스의 '삼위일체론' 주해Super Boethium de Trinitate』를 저술하다. |
| 1256<br>~59 | 토론문제집 『진리론Quaestiones disputatae de veritate』을 저술하다. |
| 1254<br>~59 | 『자유토론 문제집Quaestiones de quolibet』제VII-XI권을 저술하다. |
| 1259 | 봄에 토마스는 파리를 떠나면서 발렁시엔느에서 열린 도미니코회 총회에서 연설했다. |

# 1259 도미니코회에서 다양한 임무를 맡기 위해 이탈리아로 돌아가다

| 1259<br>~61 | 교황 알렉산데르 4세가 머물던 아나니에서 가르쳤을 것이다. 그러나 처음 1년 반 동안은 나폴리에 머무르면서 『대이교도대전』을 작업했을 가능성도 배제할 수 없다. |
|---|---|
| 1261<br>~65 | 토마스는 오르비에토 관구의 신학교장lector으로 임명되어 그의 파리 대학 교수 출신이라는 경력에 비해서 소박한 역할을 맡았다. 그러나 불평하지 않고 신학교 교육의 질을 높이는 데 기여하는 한편, 교황이 맡기는 다양한 임무들을 수행했다. |
| 1262<br>~64 | 교황 우르바노 4세의 명으로 4복음서에 대한 개념주해 『황금 사슬Catena aurea』 (마태오 복음)을 저술하다. |
| 1258<br>~65 | 『대對이교도대전Summa contra gentiles』 전4권을 완성하다. |
| 1263<br>~64 | 『그리스인의 오류에 대한 논박Contra errores graecorum』에서 동방 정교회와의 교리 논쟁Filioque에 대한 견해를 밝히다. |

| 1264 | 교황의 명으로 성체현양축일과 관련된 찬미가와 여러 기도들(Tantum ergo 등)을 저술하다. |
| 1261 ~64 | 『욥기 주해Expositio super Iob ad litteram』를 저술하다. |

성모자의 곁에 선 성 도미니코(좌)와 성 토마스 아퀴나스(우), 프라 안젤리코.

# 1265~1268

교황 클레멘스 4세가 토마스를 교황 신학자로 봉사하기 위해 로마로 초청했고, 도미니코회 총회는 그에게 로마의 산타 사비나 수도원에 '관구 신학원'을 세우도록 사명을 부여했다. 토마스는 단순한 사례 중심 교육이 아닌 신학의 전체적인 맥락을 이해할 수 있도록 교육하겠다는 계획을 세웠다. 그것을 실천하는 한 계기가 바로 『신학대전』의 발간이었다.

1265
~68
『신학대전, 제1부 Summa theologiae Prima Pars』를 저술하다.

1266
~67
토론문제집 『권능론 Quaestiones disputatae de potentia』, 『악론 De malo』를 저술하다.

1265
~68
4복음서에 대한 개념주해 『황금 사슬 Catena aurea』 마르코, 루카, 요한 복음편을 완성하다.

1267
~68
『영적 피조물론 Quaestiones de spiritualibus creaturis』을 저술하다.


# 1268~1272   파리 대학에서 두 번째 교수 생활을 하며 가장 생산적인 시기를 보내다.

극단적으로 아리스토텔레스를 지지하는 라틴 아베로에스주의가 파리 대학 인문학부를 중심으로 급속히 퍼져 나가고, 재점화된 탁발수도회 논쟁이 격렬해질 때, 파리 대학 신학부에는 위기를 극복할 만한 위대한 신학자들이 없었다. 토마스는 이 논쟁들을 진화하기 위해 다시 파리 대학으로 급하게 소환되었다. 교수로서 두 번째 체류하는 4년 동안 토마스는 모든 에너지를 저술, 강의, 기도에 바쳤다. 토마스는 비서들의 도움을 받으며, 대단한 속도와 보기 드문 근면성으로 초인적인 분량의 역작들을 저술했다.


1268
~72
『신학대전, 제2부 Summa theologiae Secunda Pars』를 저술하고, 제3부를 시작하다.

1269
~72
『요한 복음 강독 Lectura super Ioannem』, 『자유토론 문제집 Quaestiones de quolibet』 제I-VI과 XII권을 저술하다.

1270
『지성단일성-아베로에스 학파에 대한 논박 De unitate intellectus contra Averroistas』 을 저술하다.

1270
보수적인 파리 주교 에티엔느 텅피에에 의해 라틴 아베로에스주의에 대한 단죄가 내려질 때, 16개 중 적어도 2개의 토마스의 주장도 포함되었다.

1271  『세계의 영원성에 대한 불평론자들을 논박함*De aeternitate contra murmurantes*』이란 소책자를 저술하다.

1268  아리스토텔레스의 저술들(명제로, 분석론 후편, 윤리학, 형이상학, 천지론, 생성소멸
~72   론, 기상학 등)에 대한 12권의 주해서를 저술하다.


# 1272~1273   나폴리에서 도미니코회 학원을 발전시키다

토마스는 자신의 고향 관구에 '수도회 학원'을 설립하라는 명에 따라, 학문적 삶의 출발점이었던 나폴리의 산 도메니코 마죠레San Domenico Maggiore 수도원에서 강의를 지속했다.


1272  『신학대전, 제3부*Summa theologiae Tertia Pars*』를 계속 저술하고 있었다.
~73

1272  『신학요강*Compendium Theologiae*』과 『분리된 실체론*De substantiis separatis*』, 『시편
~73   주해*Postilla super Psalmos* 1-54』, 『바오로 서간 주해*Lectura super epistulas Apostoli
      Pauli*』의 일부를 저술하다.


# 1273   신비한 체험 후에 저술 작업을 완전히 중지하다

12월 6일 미사를 봉헌하던 도중 신비한 체험을 했는데 그 이후, 토마스는 일체의 저술 활동을 그만 두어 버렸다. 그의 동료가 여러 차례 저술을 지속할 것을 청했으나, 그는 "내게 계시된 모습에 비하면 내가 쓴 것들은 모두가 지푸라기처럼 보인단 말이네."라는 대답만을 남겼다.

성 토마스 아퀴나스의 신비체험

# 1274 리옹공의회로 가던 도중에 포사노바 수도원에서 선종

건강이 악화된 토마스는 교황으로부터 요청받은 리옹 공의회에 참석하러 가던 도중에, 길거리에 있던 나무에 부딪혀 말에서 떨어지고 말았다. 인근 포사노바의 한 수도원으로 옮겨져 치료를 받았지만 끝내 회복하지 못하고 1274년 3월 7일에 세상을 떠났다.

1274    5월 파리대학 인문학부가 도미니코회 수도회 본부에 서편으로 토마스 아퀴나스의 문서들을 요청하다.

1277    파리의 주교 에티엔느 텅피에가 219개 명제들을 이단으로 단죄할 때, 이어서 캔터베리의 대주교 로버트 킬워드비가 이를 따를 때, 토마스의 영향을 받은 명제들 일부도 단죄되다.

1319    나폴리에서 토마스에 대한 최초의 시성재판이 열리다.

1321    포사노바에서 제2차 시성재판이 열리다.

# 1323 아비뇽에서 교황 요한 22세에 의해서 시성됨

교황 요한 22세의 명령으로 시작된 시성재판에서 "그가 문제들을 해결할 적마다 그만큼의 기적을 행한 것이다"라고 칭송되다. 1323년 7월 토마스 아퀴나스 수사의 시성식 경축 행사에서 교황은 "사도들과 교회의 교부들에 이어 토마스는 그 누구보다도 더욱 진리를 명확하게 밝히고 설파했다"고 설명한 후, 그를 '거룩한 로마 교회의 성인'으로 선포했다.

**1325**    파리의 주교 에티엔느 부레Etienne Bourret가 1277년의 단죄를 토마스와 관련되는 한에서 취소하다.

**1369**    1월 28일, 포사노바 수도원으로부터 성 토마스의 유해가 툴루즈로 모셔지다.

**1567**    4월 15일, 교황 비오 5세가 성 토마스 아퀴나스를 교회의 박사Doctor ecclesiae로 선포하다.

여러 교회 학자들에 의해 둘러쌓여 있는 성삼위, 성 토마스 아퀴나스가 대표자로서 십자가를 들고 있다.

## 참고 문헌

### 토마스 아퀴나스 저작들의 국내 번역서

『대이교도대전』 I, 신창석 옮김; 『대이교도대전』 II, 박승찬 옮김; 분도출판사, 2015; 『대이교
도대전』 III-1, 김율 옮김, 분도출판사, 2019.

『신앙의 근거들』, 김율 옮김, 철학과 현실사, 2005.

『신학대전』 1-6, 10-12, 16, 정의채 옮김, 1985-2003; 7-9 윤종국/강윤희/김춘오 옮김; 13-
15, 17-21, 28 김율/이상섭/김정국/이재룡/이진남 옮김, 2008-2020(이상 바오로딸 출판
사); 2020년부터 한국 성토마스연구소 발간: 22-27; 29-39; 이재룡/채이병/이상섭/안소
근/정현석/이경상/박승찬/박동호 옮김, 2020-2024.

『신학대전(자연과 은총에 관한 주요 문제들)』, 손은실, 박형국 옮김, 두란노아카데미, 2011.

『사도신경 강해설교』, 손은실 옮김, 새물결플러스, 2015.

『신학요강』, 박승찬 옮김, 길, 2021.

『영혼에 관한 토론문제』, 이재룡, 이경재 옮김, 나남, 2013.

『자연의 원리들』, 김율 옮김, 철학과 현실사, 2005.

『지성단일성』, 이재경 옮김, 분도출판사, 2007.

『진리론』(부분 번역), 이명곤 옮김, 책세상, 2012.

### 토마스 아퀴나스 관련 입문서

달 사쏘 M./꼬지 R.편, 『성 토마스 아퀴나스의 신학대전 요약』, 이재룡 이동익 조규만 옮김,
가톨릭대학교출판부, 1997.

데일스, 리처드, 『13세기의 영혼 논쟁』, 이재룡 옮김, 가톨릭대학교출판부, 2010

레닉, 티모시, 『안락의자용 토마스 아퀴나스』, 이재룡 옮김, 한국성토마스연구소, 2020.

로비기, 소피아, 『성 토마스의 철학적 인간학』, 이재룡 옮김, 가톨릭출판사, 2015.

료오스케 I., 『토마스 아퀴나스』, 정종표/정종휴 옮김, 새남, 1995.

매키너니, 랄프, 『성 토마스의 윤리철학』, 이재룡/김성수 옮김, 한국성토마스연구소, 2023.

몬딘, 바티스타, 『토마스 아퀴나스의 철학 체계』, 이재룡 옮김, 가톨릭출판사, 2012.

몬딘, 바티스타, 『성 토마스 개념사전』, 이재룡/안소근/윤주현 옮김, 한국성토마스연구소, 2021.

박경숙, 『중세와 토마스 아퀴나스』, 살림, 2004.

박승찬, 『생각하고 토론하는 서양 철학 이야기 ②: 중세-신학과의 만남』, 책세상, 2006.

박승찬, 『고전신학 강좌: 토마스 아퀴나스』, 서울: 새길, 2012.

박승찬, 『서양 중세의 아리스토텔레스 수용사 - 토마스 아퀴나스를 중심으로』, 누멘, 2010.

박승찬, 『알수록 재미있는 그리스도교 이야기』, 가톨릭출판사, 2021.

방 스텐베르겐, F., 『토마스 아퀴나스와 급진적 아리스토텔레스주의』, 이재룡 옮김, 성바오로출판사, 2000.

배런, 로버트, 『토마스 아퀴나스가 가르치는 세계관과 영성』, 안소연 옮김, 누멘, 2011.

오도넬 R., 『쉽게 쓴 토마스 아퀴나스의 철학』, 이재룡 옮김, 가톨릭대학교출판부, 1999.

오미어러, 토마스, 『신학자 토마스 아퀴나스』, 이재룡 옮김, 가톨릭출판사, 2002.

와이스헤이플 J., 『토마스 아퀴나스 수사』, 이재룡 옮김, 성바오로출판사, 1998.

와인버그, J.R., 『중세철학사』, 강영계 옮김, 민음사, 1984.

이나가키 료스케, 『토마스 아퀴나스 신학대전 새로 알기』, 조규상 옮김, 가톨릭출판사, 2011.

이명곤, (삶의 의미와 질서를 가르쳐 주는)『토마스 아퀴나스 명언집』, 누멘, 2010.

이명곤, 『(토마스 아퀴나스에게 듣는) 인간학의 지혜』, 역락, 2011.

잠보니, 쥬세뻬, 『토마스 아퀴나스의 인식론』, 이재룡 옮김, 가톨릭대학교출판부, 1996.

장욱, 『토마스 아퀴나스의 철학: 존재와 진리』, 동과서, 2003.

질송, 에티엔, 『토미스트 실재론과 인식비판』, 이재룡 옮김, 서광사, 1994.

질송, 에티엔, 『성 토마스의 지혜와 사랑』, 이재룡 옮김, 한국성토마스연구소, 2022.

체스터튼 G.K., 『성 토마스 아퀴나스』, 박갑성 옮김, 홍성사, 1984.

침머만, 알버트, 『토마스 읽기』, 김율 옮김, 성바오로출판사, 2004.

케니, 앤소니,『아퀴나스의 심리철학』, 이재룡 옮김, 가톨릭대학교출판부, 1999.

케니, 앤터니.,『토마스 아퀴나스』, 서병창 옮김, 시공사, 2000.

코플스톤, F.C.,『중세철학사』 - 아우구스티누스에서 스코투스까지 - 박영도 역, 서광사 1988.

코플스톤, F. C.,『토마스 아퀴나스』, 강성위 옮김, 서울, 성바오로출판사, 1993.

타이어니 B./페인터 S.,『서양중세사: 유럽의 형성과 발전』, 이연규 옮김, 집문당, 6쇄, 1995.

패터슨 C.H.,『중세철학입문』, 이양호 옮김, 이문출판사, 1994.

포프, 스테픈,『아퀴나스의 윤리학』, 이재룡 옮김, 한국성토마스연구소, 2021.

피퍼, 요셉,『토마스 아퀴나스: 그는 누구인가』, 신창석 옮김, 분도출판사, 1995.

피퍼, 요셉,『성 토마스의 침묵』, 이재룡 옮김, 한국성토마스연구소, 2023.

핑케어스, 세르베,『정념과 덕』, 이재룡 옮김, 한국성토마스연구소, 2023.

**클래식 클라우드 033**

# 토마스 아퀴나스

1판 1쇄 인쇄 2024년 4월 10일
1판 1쇄 발행 2024년 4월 19일

지은이 박승찬
펴낸이 김영곤
펴낸곳 아르테

TF팀 이사 신승철
TF팀 이종배
출판마케팅영업본부장 한충희
마케팅1팀 남정한 한경화 김신우 강효원
출판영업팀 최명열 김다운 권채영 김도연
제작팀 이영민 권경민
책임편집 임정우 교정 김민기
디자인 다함미디어

출판등록 2000년 5월 6일 제406-2003-061호
주소 (10881) 경기도 파주시 회동길 201(문발동)
대표전화 031-955-2100 팩스 031-955-2151

ISBN 979-11-7117-542-0 04000
ISBN 978-89-509-7413-8 (세트)
아르테는 (주)북이십일의 문학·교양 브랜드입니다.

**(주)북이십일** 경계를 허무는 콘텐츠 리더

네이버오디오클립/팟캐스트 [클래식 클라우드 − 책보다 여행], 유튜브 [클래식클라우드]를 검색하세요.
네이버포스트 post.naver.com/classic_cloud
페이스북 www.facebook.com/21classiccloud
인스타그램 www.instagram.com/21_arte
유튜브 youtube.com/c/classiccloud21